A ARTE DE VIVER

Título original: *The Art of Living*

1ª edição: Maio 2024

Autor:
Bob Proctor

Tradução:
Edmilson Ribeiro

Preparação de texto:
Fernanda Guerriero Antunes

Revisão:
Debora Capella
Iracy Borges

Diagramação:
Jéssica Wendy

Capa:
Dimitry Uziel

DADOS INTERNACIONAIS DE CATALOGAÇÃO NA PUBLICAÇÃO (CIP)

Proctor, Bob
A arte de viver : lições para uma vida e uma carreira gratificantes /
Bob Proctor ; tradução Edmilson Ribeiro.
— Porto Alegre : Citadel, 2024.
192 p.

ISBN 978-65-5047-457-7
Título original: The Art of Living

1. Autoajuda 2. Desenvolvimento pessoal 3. Desenvolvimento profissional
I. Título II. Ribeiro, Edmilson

24-1897 CDD 158.1

Angélica Ilacqua - Bibliotecária - CRB-8/7057

Produção editorial e distribuição:

CITADEL
Grupo Editorial

contato@citadel.com.br
www.citadeleditora.com.br

BOB PROCTOR

PROTAGONISTA DO DOCUMENTÁRIO *O SEGREDO*

com

SANDRA GALLAGHER

A ARTE DE VIVER

LIÇÕES PARA UMA VIDA E UMA CARREIRA GRATIFICANTES

Tradução
Edmilson Ribeiro

CITADEL
Grupo Editorial

2024

SUMÁRIO

PREFÁCIO

Pelo que eu sei, Bob Proctor é a única pessoa que estuda desenvolvimento pessoal todos os dias há mais de meio século. O trabalho dele transmite o tipo mais valioso de informação – como sair do seu próprio caminho para que você possa ter uma vida feliz, saudável e extremamente rica. Ele fez um trabalho fenomenal em todo o mundo, ajudando milhões de pessoas e incontáveis organizações a alcançarem seus maiores objetivos.

Bob é o último professor vivo* com ligação direta à grande linhagem de Andrew Carnegie, Napoleon Hill e Earl Nightingale. Não há ninguém no planeta como este homem e seus ensinamentos transformadores de vidas. E ele não apenas ensina, ele vive isso! Bob tem oitenta e poucos anos e tem mais energia e entusiasmo pela vida do que qualquer pessoa que conheço. Ele age como se estivesse apenas começando, pois sua missão de vida continua a ser o que tem sido nos últimos cinquenta anos - ajudar tantas pessoas quanto possível a dominar a arte de viver sem limites.

O aspecto mais extraordinário de Bob Proctor e de seus ensinamentos é que ele é verdadeiramente consciente e com-

---

* Bob Proctor veio a falecer em 3 de fevereiro de 2022, alguns anos após a publicação da edição original desta obra (2015) (N.E.)

petente. Em outras palavras, ele se sai extremamente bem e é ciente de por que se sai extremamente bem para que possa compartilhar isso com outras pessoas de um modo que possa ser imediatamente aproveitado. Ele levou nove anos e meio de pesquisa séria, trabalhando com grandes mentores, professores e livros, para descobrir como e por que sua vida mudou. Quando ele percebeu a verdade do que havia acontecido, tudo o que ele queria fazer era ensiná-lo aos outros. Para seu espanto, ele descobriu que quase todas as pessoas altamente bem-sucedidas são incapazes de articular por que são tão bem-sucedidas. Eles ou seus superiores se satisfazem com a ideia de que são inteligentes ou tinham uma boa educação ou tinham bons professores. Mas há muitas pessoas inteligentes que tiveram uma ótima educação e professores inteligentes que não estão indo bem de forma alguma. Quando uma pessoa é altamente bem-sucedida em um empreendimento e não consegue articular por que o é, ela tem algo muito poderoso a seu favor que é incapaz de dar a outro. Proctor não só tem sucesso, ele sabe por que o tem e, portanto, ele detém o tipo de informação mais valioso, que é transferível.

Bob Proctor acredita verdadeiramente que somos todos a forma mais elevada de criação de Deus, que fomos abençoados com magníficas faculdades mentais e que a única coisa que falta é o que o sábio Rei Salomão nos exortou a desenvolver: a nossa compreensão. Devemos compreender quem somos, por que fazemos o que fazemos e como mudar o que fazemos se não estivermos satisfeitos com os nossos resultados. Proctor é um mestre em ensinar exatamente isso.

Sou grato pela contribuição inestimável que ele deu à minha vida. Seus ensinamentos me capacitaram a encontrar meu propósito e ter a coragem de persegui-lo. Sinto-me extremamente privilegiada por ser sua amiga e muito grata por ser sua parceira de negócios em nossa empresa, o Instituto Proctor Gallagher.

As lições de que você precisa para alcançar qualquer resultado desejado estão contidas no interior deste livro. O que ele compartilha é verdadeiramente a arte de viver. Ao virar a página, imagine que você está entrando em uma das aulas de Bob Proctor.

— SANDRA GALLAGHER

AULA 1

SEJA O QUE FOR, VOCÊ CONSEGUE

Recuperando o poder de sua mente

Estava em uma chamada de coaching ontem, e em certo ponto eu disse: "Sabe de uma coisa? Daqui a cem anos, talvez antes disso, as pessoas vão olhar para trás e considerar uma atividade criminosa o que fazemos com as crianças. Elas de fato farão isso. Será *uma atividade criminosa*!".

Pare e pense na liberdade que uma criança tem quando é pequena, apenas um bebezinho. A imaginação dela a leva aonde quer que ela queira ir. As crianças vivem em um mundo fenomenal no qual podem fazer o que quiserem – se tornam pilotos ou equilibristas; descem as Cataratas do Niágara –, e sem enfrentar nenhum problema. Está tudo pronto ali mesmo, em sua mente maravilhosa.

Então, mandamos as crianças para a escola, e esse fantástico processo criativo passa a ser algo ruim. A imaginação infantil é considerada "falta de atenção". Divagar e ir para o reino glorioso da imaginação por alguns momentos logo provoca um professor, que repreende: "O que você está fazendo?!". É uma ofensa digna de punição! E esses castigos são muito eficazes. Você bate em uma criança pequena algumas vezes por fazer algo... e adivinhe só? Ela não vai mais repetir aquilo que você considera errado. Então, em vez de ser elogiada e encorajada a desenvolver a imaginação – uma incrível faculdade mental –, ela é obrigada a desligá-la por completo.

A falecida Stella Adler, uma fantástica preparadora de atores, afirmou certa vez: "Os adultos tiram a vida das coisas. É melhor inventar as coisas, usar a imaginação, do que matá-las". Eu concordo plenamente com isso.

E aqui estamos nós, adultos, pagando quantias enormes, tirando folga do trabalho ou nos distanciando de casa, apenas para aprender a usar a nossa imaginação mais uma vez. No entanto, temos de fazer isso. Todos nós precisamos voltar a um lugar em que podemos acessar esse poder fenomenal, porque tudo o que já foi feito pelas mãos humanas não é nada além da manifestação física da imaginação de alguém: por exemplo, tudo o que está em seu campo de visão agora.

Eu tinha um escritório na Bayview Avenue, em Toronto [Canadá], que prestava serviço de limpeza a empresas. Foi assim que comecei a lavar pisos. Um dia, pensei: *Deveríamos ter um telefone de carro!* Então, conseguimos esse equipamento e colocamos um supervisor na estrada, que saía inspecionando todos os faxineiros. Eu acreditava que ele poderia receber chamadas minhas onde quer que estivesse, porém tivemos que montar racks de teto na parte superior do automóvel dele para segurar a antena a fim de que *talvez* conseguíssemos contatá-lo, porque havia apenas meia dúzia de canais no telefone, e eles não funcionavam muito bem. Hoje, é claro, existem milhões de linhas de telefone. Todos nós temos uma. E podemos nos comunicar com outras pessoas usando esse meio. Como isso aconteceu? Alguém imaginou; foi assim.

Se eu tirasse uma foto sua agora, poderia enviá-la a qualquer pessoa em qualquer lugar do mundo. Eu só teria que tirar, mandar e pronto! Imediatamente, ela estaria 100% presente em todos os lugares ao mesmo tempo. Estando você em São Paulo, São Francisco, Xangai ou Chicago, você a receberia. Por quê? Porque a foto está em toda parte. O único aspecto que faz com que se materialize é algo que se relaciona a ela: o seu número de telefone!

Um pensamento é o mesmo que essa imagem hipotética, e a única coisa que o impede é o que ressoa com ele.

Podemos nos comunicar telepaticamente com qualquer um, em qualquer lugar do mundo, e fazemos isso o tempo todo. Só não sabemos o que estamos fazendo. Por quê? Porque ninguém nos ensinou, e assim crescemos ignorantes.

✦

Quando um esquilo nasce, ninguém precisa cuidar dele. Ele corre para cima e para baixo das árvores, vai procurar nozes, se alimenta. Um bebê humano, por sua vez, morrerá se não for cuidado por um adulto. Entenda, o pequeno esquilo opera por instinto, que é perfeito; está em casa em seu ambiente. Nós, porém, estamos desorientados no nosso, pois mesmo que tenhamos recebido a habilidade de pensar em criar nosso ambiente, não o fazemos. E por que não? Porque nos dizem, entre outras coisas: "Isso é bobagem"; "Cresça!"; "Isso não é realista!"; "Quem você pensa que é?".

Então, aqui temos seres humanos, com mentes maravilhosas, pensando que estão presos às condições ou circunstâncias que os cercam: "Eu gostaria de fazer isso, mas não posso porque...". Tudo o que se segue depois de "porque" é a circunstância, e eles se tornam subservientes a ela, que se torna sua versão de Deus... E eles fazem o que sua percepção da circunstância lhes dita, sem nem sequer tentar encontrar uma maneira melhor de agir.

✦

Você está aqui para aprender a criar várias fontes de renda a fim de alcançar a liberdade financeira. Eu sei que talvez esteja pensando: *Ah, eu não consigo fazer isso.* Por que não conseguiria? *Porque eu nunca fiz isso.* Imagine o que aconteceria se não tivesse aprendido a realizar coisas novas... Você ainda estaria deitado em seu berço, brincando com os dedos dos pés!

Foi preciso ensiná-lo a se levantar e colocar um pé na frente do outro. Alguém segurou a sua mão e afirmou: "Ele deu um passo por conta própria! Você viu isso? Ele deu um passo por conta própria! Ele está andando! Ah, ele acabou de cair. Ah, ele se machucou!". Você cambaleou, tropeçou, demorou algum tempo, mas, com certeza, aprendeu a andar.

Seja o que for, você *pode* fazer. Você simplesmente tem que aprender *como*.

✦

Uma vez li que o pai dos irmãos Wright, que era bispo em uma igreja reformada, disse-lhes que eles iriam queimar no inferno por sugerirem que podiam voar; que, se Deus tivesse pretendido que voássemos, teríamos asas.

É claro que por séculos se acreditou nisso. Houve também a crença de que o mundo era plano. Nós caímos nessa, e não faz muito tempo! A sabedoria predominante da época fazia a humanidade pensar que a Terra não poderia ser redonda; afinal, como seria possível viver de lado?! E um navio, quando desaparecia no horizonte, parecia ter se lançado ao abismo! Para não falar da parte de baixo do planeta. Entenda, a lógica ditava que o mundo não *poderia* ser redondo, então era nisso que se acreditava.

Você acha que os indivíduos estavam *pensando* quando acreditaram nisso, ou usaram a imaginação maravilhosa ao insistirem que não podíamos voar? Eu acho que não.

Earl Nightingale foi um dos meus mentores, com quem aprendi muito. Lembro-me dele dizendo: "Se a maioria de nós dissesse o que estava pensando, ficaríamos sem palavras".

✦

As pessoas competem entre si, mesmo contra aquelas de quem não gostam. E ainda afirmam: "Eu vou vencê-las!". Para que gastar *um minuto sequer* pensando em quem nem é legal? Se você for pensar num indivíduo com quem não simpatiza, foque as boas qualidades dele; caso contrário, se colocará em uma vibração ruim.

✦

Muita gente fica nervosa quando me conhece. Eu acho isso divertido. Lembro-me de uma vez, anos atrás, quando eu estava trabalhando em uma convenção para a Metropolitan Life em Toronto. Havia muitas pessoas lá. E eu vi um rapaz que caminhava em minha direção, mas depois ia embora, então caminhava em minha direção novamente, porém desistia e dava meia-volta. Era bastante óbvio que ele estava nervoso em me conhecer.

Finalmente, o gerente dele o trouxe até mim e disse: "Bob, eu quero que você conheça o Harry". A mão do homem estava molhada, e ele tremia. O gerente continuou: "Este rapaz está nervoso em conhecê-lo". Eu comecei a rir, então me expliquei: "Eu não estou rindo de você, mas se eu dissesse que estava nervoso em conhecê-lo, não acharia engraçado? Quero dizer, por que alguém ficaria nervoso em me conhecer? Eu sei que você pensa: *Por que alguém ficaria nervoso em me conhecer?* Eu também penso assim".

Por que deixaríamos nos intimidar pela presença de outra pessoa, alguém que nem *conhecemos*? Por que sentiríamos que somos inferiores a ele ou ela? Qual é a razão para nos retrairmos mentalmente? Temos que ser treinados para fazer o oposto, pois não nascemos com isso.

Mas ouça: somos meninos e meninas crescidos agora, e com a capacidade de *pensar.* Então, vamos começar a pensar no que de fato *queremos* fazer, livrando-nos da ideia do que *temos* que fazer. Você não *tem que fazer* nada. E seu pensamento de início será: *Bem, eu tenho que respirar.* Não, pois você poderia colocar um saco plástico no rosto e acabar com tudo. *Tenho que pagar impostos.* Não tem! Você poderia ir para a cadeia ou para uma zona livre de impostos. Você, portanto, não tem que fazer nada.

Sabe o que temos que colocar na nossa cabeça? Nós *escolhemos* fazer *tudo* o que fazemos.

Viktor Frankl, psiquiatra judeu vienense enviado para um campo de concentração alemão durante a Segunda Guerra Mundial, escreveu *Em busca de sentido*, um livro muito bom no qual afirmou que, independentemente dos abusos intelectuais e psicológicos aos quais foi submetido, ninguém poderia fazê-lo pensar em algo que ele não quisesse pensar.

E isso vale para nossas ações. Escolhemos fazer tudo o que fazemos. Alguém pode reclamar: "Ela me obrigou a fazer isso!". Ah, não, não. Ela não o obrigou a fazer nada. Poderia ter havido uma pequena guerra se a pessoa tivesse decidido não fazer determinada coisa; a alternativa poderia ter sido desconfortável. Mas ela não o obrigou a fazer nada. Trata-se de uma escolha. Temos que assumir a responsabilidade pelo que fazemos. Temos que assumir a responsabilidade pela nossa vida!

✦

A questão é a seguinte: quando você for realizar algo pela primeira vez, sentirá um turbilhão de coisas acontecendo por dentro. Aquela vozinha interior lhe falará: "Quem você pensa que é? Não pode fazer isso. Não consegue estar lá às nove da manhã! Você tem que estar *aqui* nesse horário". E essa pequena voz interior vence as batalhas com frequência.

Imagine alguém que deixa de comprar um bilhete cujo prêmio é US$ 100 mil. Lá na frente, dirá: "De qualquer maneira, eu não teria ganhado. Isso não vai fazer diferença. Além do mais, alguns não têm como pagar por isso!".

Bobagem. As pessoas podem pagar pelo que quiserem. Se você reparar em sua casa agora, verá que está cheia de coisas de que não precisa. Você as comprou porque *queria*. E quando quer algo, sempre faz de tudo para conquistar. Sempre. Essa é uma lei absoluta do seu ser. Ao tomar uma decisão, você muda o seu cérebro para uma frequência diferente e começa a atrair o que quer que esteja nela. Se entender isso, tudo se torna um pouco mais fácil e faz de você uma pessoa muito melhor.

Acho que, a partir de agora, seria útil saber de onde eu venho. Quero compartilhar com você como tudo começou.

AULA 2

FAÇA EXATAMENTE O QUE EU LHE DIGO PARA FAZER

A receita infalível para o sucesso

Quem pensa enriquece é um livro de Napoleon Hill que eu absolutamente amo, pois teve um *enorme* impacto na direção que minha vida tomou. Iniciei a leitura dele em 1961, e tudo ao meu redor começou a mudar. Eu nunca parei de lê-lo. Não pense que sou um leitor tão lento... é que há muita coisa naquelas páginas.

Como essa obra entrou na minha vida é uma história e tanto. Depois de todos esses anos, ainda me surpreende.

Na época, eu trabalhava para o East York Fire Department – considerado por mim, até aquele momento, o melhor emprego que já havia tido –, no subúrbio de East York, em Toronto. A verdade, porém, é que não era para eu estar lá. Não deveria ter conseguido aquele emprego. Centenas, talvez até milhares de pessoas se candidataram àquela vaga. E existe certa razão na sociedade que explica o motivo de todos almejarem ser bombeiros ou policiais: o salário, que é um pouco melhor do que o de trabalhadores de fábricas ou garçons. Eu sempre achei que ser bombeiro era melhor do que ser policial, porque conseguíamos ir para a cama quando estávamos de plantão à noite; os policiais, por sua vez, não podiam fazer o mesmo.

Fiquei sabendo daquela vaga por intermédio de um anúncio no jornal informando que seriam contratados 21 bombeiros em East York – para onde nós tínhamos acabado de nos mudar. Eu cresci na área de Beaches, em Toronto, e pensei: *Uau, isso seria interessante.* Na ocasião, trabalhava em um posto de gasolina, onde trocava pneus e óleo, além de lubrificar e lavar carros. Executava essas funções ao longo de 48 horas por semana, divididas em seis dias, ganhando US$ 1 por hora. Uma semana por mês eu trabalhava sete dias, então folgava três dias por mês e recebia cerca de US$ 50 ao fim de sete dias.

Resolvi falar com o juiz Lynn, um magistrado que morava bem perto da minha mãe. Eu não o conhecia, não sabia como ele era, mas fui até a casa dele mesmo assim e logo me apresentei: "O senhor não sabe quem sou, mas minha mãe mora aqui perto. Ouvi dizer que estão contratando bombeiros aqui em East York e quero tentar entrar para a corporação. Estava pensando se há algo que o senhor poderia fazer para me ajudar".

Acho que ele ficou impressionado com o meu pedido e disse: "Ah, entre, meu filho". Pegou o telefone, ligou para o prefeito e começou: "Tem um rapaz aqui que eu meio que gostaria de colocar no corpo de bombeiros". E pronto: eu estava no corpo de bombeiros!

Era necessário pesar 72 quilos (e esse nunca havia sido o meu peso). Eu estava frequentando uma academia e tentando engordar, porque sabia que era exigido dos candidatos um físico atlético. Resolvi até beber um estimulante de apetite, cujo gosto era tão ruim que eu precisava misturar com suco de laranja para não sentir ânsia. Buscava desesperadamente engordar, mas ainda pesava 61 quilos!

Então, lá fui eu para o meu exame médico no consultório do município, onde um velho médico me perguntou:

"Então, você vai ser bombeiro, filho?"

"Sim, senhor", respondi.

Ele me pediu na sequência:

"Bem, vá ali e se pese."

Subi na balança.

"Quanto deu?", o senhor quis saber.

"A balança está marcando 72 quilos", eu informei.

Ele parou por um segundo e então comentou, ao mesmo tempo que fez suas anotações:

"Bem, vamos deixar assim."

E lá estava eu, no corpo de bombeiros!

Eu trabalhava sete dias e sete noites por mês. No turno da noite, ia para a cozinha fazer algo para comer, às vezes tomava uma xícara de chá e assistia a um pouco de TV; quando estava tarde, arrumava a cama e ia dormir. Era de fato uma imposição, para o caso de precisarmos apagar um incêndio no meio da madrugada!

Desde 1934, ninguém *jamais* desistira desse emprego. E eu pensava que tinha morrido e ido para o céu, pois dormia à noite, levantava-me de manhã no quartel dos bombeiros e ia jogar golfe, depois saía para uma partida de sinuca. Além disso, havia dobrado a minha renda e mal tinha que trabalhar! Estava praticamente aposentado.

Um dia, eu estava na cozinha e Ray Stanford, que morava perto do quartel dos bombeiros, sentou-se à mesa com sua xícara de café. Ray era um homem incrível que passava a maior parte do tempo tentando "acordar" as pessoas.

"Bob, o que você preferiria estar fazendo?", Ray me perguntou.

"Eu não preferiria estar fazendo nada além do que estou fazendo. Eu *amo* isso aqui! Por que eu não iria gostar?"

Ray, porém, sabia de algo que eu desconhecia: meu passado não era quem eu era; meus boletins não eram quem eu era; os resultados que eu estava recebendo no meu salário não eram quem eu era.

"O que você realmente quer?", ele insistiu.

"Eu quero algum dinheiro."

Dinheiro era tudo o que eu queria. Veja só, eu estava ganhando US$ 4 mil por ano, mas devia US$ 6 mil. Se pegasse tudo o que havia ganhado por dezoito meses para quitar minha dívida, sem sobrar nada, eu ficaria no zero a zero.

Ray tirou um maço de dinheiro do bolso e disse: "Essa coisa não pode falar, mas é capaz de ouvir. Se você o chamar, ele virá. Quanto você quer?".

"Eu quero US$ 25 mil."

No entanto, eu não acreditava que pudesse ganhar US$ 25 mil. Seria necessário vender uma das escadas articuladas do carro de bombeiros para conseguir essa quantia. E ninguém que eu conhecia tinha US$ 25 mil... Seria como nadar até o Havaí. Não era possível. Eu fora criado para acreditar que não era possível; estava tão certo disso, que não havia razão para crer no contrário. Não importava o quanto procurasse no passado, ninguém em nossa família jamais havia ido à escola, então eu não fazia ideia de como aquela quantidade absurda e impossível de dinheiro entrara na minha cabeça e saíra pela minha boca.

Ray, contudo, não hesitou nem por um instante. Ele apenas me avisou: "Se fizer o que lhe digo, eu lhe mostrarei exatamente como conseguir o que você quer".

Não acreditei, mas acreditava que *ele* acreditava no que dizia – e isso tocou algo dentro de mim. Então, decidi que faria o que Ray dissesse, começando pela leitura do livro que ele me entregou, do qual nunca tinha ouvido falar, cujo autor era Napoleon Hill: *Quem pensa enriquece.*

"Eu quero que você estude todos os dias", orientou.

Foi difícil cumprir essa tarefa, mas eu segui o conselho dele, decidido a obedecê-lo até descobrir que ele estava mentindo ou que não sabia do que estava falando.

E, como eu mencionei antes, todo o meu mundo começou a mudar de repente, tal qual a noite vira dia. Passei a olhar ao meu redor. Eu via meus colegas entrando no quartel dos bombeiros e sentando-se em frente à televisão; talvez eles estivessem com seus quarenta anos, e conversavam sobre o sindicato e a respeito de como obter uma aposentadoria antecipada. E então eu ouvi que Harry, que se aposentara no ano anterior, havia morrido naquela manhã. Pobre companheiro, cujo coração parou de bater.

Pensei: *Eu não posso ficar aqui. Tenho que sair daqui.* Então, continuei a fazer o que Ray me orientou. E nunca parei.

Hoje, se eu treino alguém, digo o mesmo: "Faça o que eu sugiro até você descobrir que estou mentindo ou que não sei do que estou falando". E é isso que proponho a você também.

Eu sei que você vai pensar que sou um pouco louco – e provavelmente sou na mente das massas –, mas se fizer o que eu lhe digo, você obterá os resultados que deseja. Assim como aconteceu comigo.

Se você estiver gerenciando pessoas, não deixe que o comportamento delas bagunce sua cabeça. Não permita que o que elas estejam recebendo o faça pensar que é disso que são capazes. Elas têm de acreditar no que *você* acredita. E como conseguir isso? Basta levá-las a realizar algumas ações simples. Mas faça com que se comprometam todos os dias. *Todos os dias.* Não há truque; não tem nada a ver com inteligência.

AULA 3

VOCÊ SÓ PRECISA DE UMA QUALIDADE

O poder da disciplina que muda a vida

Ray me disse algo crucial durante aquela nossa primeira conversa: "Você precisa de apenas uma qualidade para ter sucesso: disciplina".

Bem, eu não queria ser disciplinado, até mesmo porque não sabia o que aquilo significava. Eu fui da Marinha canadense, e tive uma experiência semelhante a estar na escola: não costumava fazer o que me pediam. Só que, na Marinha, se você não fizesse o que lhe mandavam, teria muitos problemas. Você pagava por isso! Quando completei 21 anos, acabei sendo detido, e lá me obrigaram a passar por cursos de ataque o dia todo.

Ah, o que eles faziam conosco era sádico, mas eu sabia quais eram as regras. E mesmo assim disse: "Que se dane.

Não vou seguir suas regras!". *Ah, não vai?!* Sabe de uma coisa? Eu acho que todos os jovens deveriam passar por algo como Exército ou Fuzileiros Navais por seis meses, um ano, para amadurecer rápido. Quem tem essa vivência se fortalece mentalmente!

Isso aconteceu comigo, porém me deixaram com a impressão de que disciplina era igual a punição. Se eu não fazia o que me mandavam, era enviado para a praça de desfile agachado e erguendo um rifle sobre a cabeça sob a seguinte ordem: "Levante-o lá em cima!". Aquela arma de fogo pesava apenas quatro quilos, mas experimente segurá-la assim por alguns minutos... Você terá a impressão de estar carregando quatrocentos quilos!

A história a seguir eu só contei uma ou duas vezes, mas ela veio à minha mente agora, então acho que devo compartilhá-la com você. Eu estava na praça de desfile, e o suboficial no comando era, na minha opinião, mau. Ele me fez ficar saltitando, e eu havia acabado de terminar catorze dias dessa rotina. Quando saí, recebi mais catorze dias, e pensei: *Eu não consigo fazer isso!* Então, caí no chão.

"Levante-se!", ele ordenou.

"Eu não consigo, senhor", eu disse.

"Qual é o problema?"

"Eu estou com uma dor aqui do lado", expliquei.

"Então, vá para a enfermaria."

Como avisei que não conseguia andar, eles me levaram até lá. E eu tinha medo de reconhecer que estava mentindo, porque aí sim estaria em apuros! Chamaram um aspirante da Marinha – que poderia ser descrito como um estagiário –, e só nós dois estávamos de serviço. Ele pressionou do meu lado e perguntou:

"Dói aqui?"

"Sim, senhor."

Na manhã seguinte, fui conduzido ao cirurgião para que meu apêndice fosse retirado! Como eu estava com muito medo de dizer que nada estava errado, eles tiraram meu apêndice, eu terminei minha punição no hospital e recebi duas semanas de licença médica! *Eu gostaria de ter outro apêndice!*, pensei.

Quando você não segue as regras, se mete em encrencas. A questão é que eu tinha a ideia de que disciplina era punição. Pensei que *aquilo* era disciplina: levar alguém à praça de desfile e acabar com essa pessoa até ela não aguentar mais.

✦

A verdade é que disciplina é a capacidade de dar a si mesmo um comando e, depois, segui-lo. Você nunca vai desenvolver algo relevante se não for disciplinado. No entanto, se você for disciplinado, pode ter quase tudo o que quiser. Isso é muito básico, simples e incompreendido. A maioria das pessoas passa toda a vida sem nunca desfrutar do que estaria a seu alcance, por lhes faltar disciplina. Ray, porém, estava certo: ter disciplina nos faz obter o que realmente queremos.

Eu sou uma pessoa muito disciplinada. Não me importo se alguém mais está trabalhando, nem com o que os outros estão fazendo. Sei o que tenho que realizar, sem precisar de ninguém para me motivar ou me elogiar. Apenas me basta disciplina. Isso é tudo. Deixe-me colocar minha imaginação para trabalhar e eu direi: "Eu vou fazer isso!". E eu faço.

Se quiser qualquer mudança significativa em sua vida, diga a si mesmo para fazer o que você sabe que tem que ser feito e, depois, siga adiante. Assim, ficará cada vez mais forte e será capaz de alcançar o que quiser, em vez daquilo que acha que pode fazer.

AULA 4

SE VOCÊ NÃO CONSEGUE LIMPAR TODOS ELES, NÃO LIMPE NENHUM

Desconstruindo o mito do trabalho duro

No segundo capítulo do meu livro *Você nasceu rico*, eu ensino às pessoas como sair das dívidas: basta configurar um programa de pagamento automático, que retira o valor devido de uma conta na qual você deve depositar parte de sua renda. Assim, você nunca precisa pensar nas dívidas que tem e começa a construir o conceito de prosperidade em sua mente.

Seja o que for que pense, você atrairá para a sua vida – e não o que quer, com o que está emocionalmente envolvido. É por isso que, se o seu objetivo for sair da dívida, é provável que fique endividado para sempre.

✦

Como mencionado antes, eu não estava falando sério quando deixei escapar minha meta de ganhar US$ 25 mil – pelo menos, não de maneira consciente. No entanto, Ray acreditou em mim e me fez escrever esse objetivo em um cartão.

Antes, meu pensamento eram só dívidas. Os credores me telefonavam, e eu dizia: "Esquece! Não tenho dinheiro!". Eu ficava irritado, mesmo sabendo que o dinheiro era deles! Eles não deveriam tê-lo emprestado para mim, mas o fizeram e, surpresa, queriam de volta!

Então, eu passava o tempo todo pensando em dívidas. Contudo, uma vez que registrei esse meu objetivo, algo muito interessante aconteceu: comecei a pensar em ganhar dinheiro. Aqueles US$ 25 mil.

Eu tinha ouvido alguém dizer: "Dá para fazer um bom dinheiro com a limpeza de pisos". Pensei: *Não sou orgulhoso. Vou limpar pisos.* Essa mesma pessoa também havia aconselhado: "Não trabalhe para os outros, trabalhe para si mesmo". Fazia sentido para mim, mas eu teria que arrumar uma máquina de limpar pisos e outros equipamentos.

Encontrei uma máquina usada por US$ 980, além de alguns baldes e esfregões que a acompanhavam, o que significava que eu precisaria obter US$ 980. Ninguém iria me emprestar essa quantia – eu também não me emprestaria, porque sabia que não pagaria! Não é que eu não quisesse. A verdade é que eu nunca tinha dinheiro suficiente. No entanto, li em um livro o seguinte: se não lhe emprestarem, vá até outra pessoa e outra; e logo você ficará bom em sua apresentação, e alguém vai acabar lhe dando crédito.

Foi assim que me vi em uma empresa fiduciária, na qual entrei para falar o gerente, Al Keiper. E lá estava eu, no escritório dele, dizendo-lhe o que queria. Sentia-me entusiasmado com um negócio que criara apenas na minha imaginação: eu iria limpar pisos em todo o mundo. Acho que o senhor Keiper pensou que eu era um pouco louco, mas também bastante empolgado. Ele disse: "Vou lhe emprestar o dinheiro". Fiquei chocado, porém aceitei os US$ 1 mil oferecidos e fui embora.

✦

Eu conciliava meu negócio de limpeza com meus deveres no corpo de bombeiros, pois acreditava que o caminho para ganhar mais dinheiro era trabalhar mais, conseguir outro escritório, depois outro. Então, lá estava eu, limpando escritórios, apagando incêndios, limpando escritórios, apagando incêndios, limpando escritórios. À noite, como eu estava muito cansado e queria dormir, rezava para que ninguém iniciasse um incêndio.

Um dia, desmaiei na rua. Eu estava exausto. Recuperei a consciência na calçada e, ainda deitado, notei um policial enorme olhando para mim. Ele podia não ser um homem grande, mas parecia um gigante se visto daquela perspectiva. Uma multidão se encontrava ao meu redor, luzes piscavam, e eu ouvia uma sirene ao fundo. Foi assustador. Acho que alguém pensou que eu estava morto. Eu tinha apenas 27 anos. Não é normal que um jovem nessa idade desmaie na rua.

Eu seria levado ao hospital, mas, quando finalmente recuperei a consciência e entendi o que havia acontecido, pensei: *Tenho que sair daqui*. Eu os convenci a me deixarem ir embora sozinho e sentei-me em algum lugar, onde fiquei pensativo. De repente, uma voz calma dentro de mim disse: "Se você não consegue limpar todos eles, não limpe nenhum".

Então, eu me vesti com as melhores roupas e contratei funcionários para que me auxiliassem na limpeza dos escritórios. Em menos de cinco anos, passei a trabalhar para empresas em Toronto e Montreal [Canadá]; em Boston, Cleveland e Atlanta [Estados Unidos]; e em Londres [Inglaterra]. Se você tivesse me perguntado o que eu estava fazendo, eu teria dito: "Limpando escritórios". No entanto, eu também estava lendo *Quem pensa enriquece* todos os dias – de uma maneira disciplinada. Havia muitas pessoas limpando escritórios, mas elas não estavam fazendo o mesmo que eu, assim como muitos liam *Quem pensa enriquece*, porém não da forma como eu lia. De repente, eu quis saber: *Por que estou desfrutando de todo esse sucesso?*

AULA 5

O PROBLEMA É ONDE VOCÊ ESTÁ

Indo além da definição de metas

Uma das primeiras lições que Ray Stanford me ensinou foi que primeiro é necessário olhar para onde estamos; depois, para onde estamos indo; e, então, temos que nos mover. É muito simples e óbvio. No entanto, se é só isso – e de fato, não *existe* nada além disso –, por que as pessoas estão tão presas?

É óbvio que elas não sabem para onde estão indo. Em outras palavras, elas não têm um objetivo.

Eu costumava crer que esse era o problema, mas mudei de opinião. Acredito que a maioria dos indivíduos tem uma meta. Talvez não sejam muito articulados quando se trata de descrever o objetivo, ou não o tenham escrito para que alguém pudesse entendê-lo, mas deve existir algum ponto em direção ao qual gostariam de se mover.

Então, onde isso deixa você? Exatamente onde você está. Eu me tornei consciente de que o problema está bem aqui: onde estamos agora.

Onde você está? Bem, a maioria vai afirmar: "Eu estou aqui no Sheraton Hotel, no seu seminário". Aham. É aqui que você está fisicamente. Mas onde está mentalmente? Por que alguém com todas essas ótimas informações continuaria a ter um conflito, permaneceria improdutivo, preso?

Porque a nossa personalidade é dividida em duas partes: aquela que vê o mundo e tudo nele – a nossa mente intelectual, por meio da qual temos a capacidade de escolher, pensar e imaginar – e a que diz respeito à nossa personalidade – a mente subconsciente ou emocional. Chegaremos a isso daqui a pouco.

Levante a mão se você acha que pode ganhar muito mais dinheiro do que tem agora. Bem, então, por que diabos não está ganhando? Você diz: "Eu creio que consigo!" – em certo nível, até acredita e, conscientemente, afirma: "Sim, *sim*! Eu não só acredito, como também *sei disso*!".

No entanto, esse não é o seu lado que exerce poder sobre o seu comportamento (e é o seu comportamento que controla a quantidade de dinheiro que você ganha).

Estou me referindo agora à sua mente intelectual, e esta não sabe que, em um nível subconsciente, você não acredita que possa fazer muito mais dinheiro.

A palavra "práxis" é a integração da crença com o comportamento. O meu trabalho aqui é ajudá-lo a organizar aquilo em que você acredita em um nível consciente e movê-lo para sua mente subjetiva. Retire as velhas ideias condicionadas e acolha o novo conceito. Quando isso acontece, tudo muda.

Eu fiz isso. Eu ganhava muito dinheiro, e não tinha ideia do que estava fazendo.

Veja bem, o problema são os paradigmas, isto é, uma infinidade de hábitos, a programação na mente subjetiva. Vamos falar sobre paradigmas daqui a pouco.

Ray Stanford pediu que eu me sentasse, escreveu a letra "R" em uma folha de papel e disse: "Bob, 'R' representa os resultados que você está obtendo em sua vida. Você está feliz com eles?".

Na sequência, escreveu no mesmo papel as letras "F", "S" e "P" e quis saber: "Sendo "F", "S" e "P", respectivamente, as representações de felicidade, saúde e prosperidade, você acha que eu sou um cara feliz?".

"Sim, você parece muito feliz."

"Você já me viu doente?"

Tive que admitir que não.

"*Alguma* vez você me viu quando eu estava falido?", Ray continuou.

Esse cara sempre tinha um rolo de dinheiro com ele. Eu nunca o vi na falência.

"Bob, você deve ser uma das pessoas mais infelizes que eu já conheci", concluiu.

E eu era um ser humano infeliz. Sentia-me assim quase o tempo todo.

Ah, eu me divertia de vez em quando – mas diversão e felicidade são duas coisas diferentes. Diversão tem vida curta e é muito superficial. Acho que todo mundo se diverte às vezes. Felicidade, porém, é profunda e duradoura. Eu não era uma pessoa muito feliz, só não sabia disso.

"Você é absolutamente infeliz", Ray continuou. "Você está sempre doente, com dor de cabeça, resfriado ou algo assim. E nunca tem dinheiro."

Lembre-se, eu estava ganhando US$ 4 mil por ano na época, mas devia US$ 6 mil.

E então ele pediu: "Faça o que eu lhe disser para fazer".

Honestamente, não sei por que Ray me escolheu. Tenho certeza de que existem guias que estão conosco e nos ajudam ao longo da estrada. Acredito que fui guiado, e não por acaso esse homem apareceu na minha vida.

Em um ano, passei a ganhar US$ 175 mil e, então, mais de US$ 1 milhão. Isso foi na década de 1960, quando essa quantia valia muito mais do que hoje. Se você me perguntasse o que eu estava fazendo, eu não saberia dizer. Realmente não sabia. No entanto, como já mencionei, precisava entender por que havia mudado.

Veja bem, eu vinha de um contexto muito bagunçado e jamais realizara nada relevante até então. Tenho um irmão um ano mais novo que eu e uma irmã um ano mais velha, e ambos se saíam bem na escola e nunca se meteram em confusões. As coisas sempre foram tranquilas com eles, mas, por minha causa, a minha mãe costumava chorar: "Por que você está fazendo isso comigo?". Eu não estava fazendo nada com ela, mas, sim, comigo! Além dos problemas que eu criava para mim mesmo, permitia que as observações dela gerassem culpa em minha mente.

Então, fui para a Marinha, e que fase aquela! Eu também não tinha experiência em negócios e contava com pouca educação formal – depois do oitavo ano, frequentei a Danforth Technical School por apenas alguns meses, até que um dia o vice-diretor me chamou em seu escritório para me informar que minha educação formal havia chegado a uma repentina interrupção. Fiquei tão feliz! Estava tudo acabado. Eu não precisava mais voltar lá! Dizer que eu não gostava da escola era um eufemismo. Ninguém nunca me fez gostar da escola.

Vamos pensar sobre isso. Quando uma pessoa sai da escola e vai trabalhar, o que ela está fazendo? Está vendendo tempo, energia, lealdade e conhecimento por uma quantia em dinheiro. Que diabos eu poderia vender? Eu nem me comportava bem.

Primeiro eu consegui um emprego como entregador de mantimentos para um açougue, cujas tarefas precisavam ser realizadas com o auxílio de um carrinho porque eu não tinha uma bicicleta. Logo me cansei daquilo. Meu emprego seguinte foi em uma gráfica no centro de Toronto, na qual trabalhava das cinco da tarde até duas da manhã e ganhava US$ 12 por semana. Hoje, olhando para trás, percebo que meus patrões estavam sendo gentis comigo, pois eu não valia US$ 12.

Depois da Marinha, trabalhei em dois bares, nos quais durei uma hora até me demitirem. Isso sim é um recorde: manter um emprego por apenas uma hora. E eu fiz isso duas vezes!

Lembro-me de passar de carro em frente a um deles e dizer à minha esposa: "Linda, vê aquele bar? Foi um dos lugares em que durei apenas uma hora". Eu bebia mais do que vendia! Simplesmente não era lucrativo me ter lá.

E aqui estou eu, com todos esses escritórios, cercado de todas essas pessoas, ganhando todo esse dinheiro e pensando na minha formação, tentando descobrir como eu fiz isso acontecer. Se o contraste não tivesse sido tão grande quanto foi, eu teria continuado e aberto mais escritórios de limpeza. No entanto, era algo tão enorme que passou a me intrigar. Eu precisava saber o que havia acontecido. Por que eu mudei?

Apesar de determinado a encontrar a resposta, levei nove anos para descobrir que eu havia mudado o meu paradigma. E isso foi feito de duas maneiras: por intermédio do meu envolvimento pessoal em algo que teve impacto emocional em mim e pela repetição constante e espaçada de uma ideia.

AULA 6

O DINHEIRO É UMA LUPA

Como fazer o que você quer fazer

Eu tenho um toca-discos portátil que costumava levar no carro para escutar os mesmos dois discos repetidas vezes: as gravações de Earl Nightingale de *O estranho segredo* e de *Quem pensa enriquece*. Eu as ouvi tantas vezes que as mensagens ficaram gravadas no meu cérebro, tornando-se parte inseparável de mim. Elas me mudaram em um nível celular, e eu me tornei essas mensagens.

✦

Conheci algumas das pessoas mais brilhantes do mundo. Estudei com indivíduos geniais. E como eu estava muito curioso pelo que ensinavam, eles se interessaram em me transmitir seus conhecimentos. Sei coisas que muita gente nunca aprende, e entendo por que fazemos o que fazemos e por que *não* fazemos o que *queremos* fazer. Por mais simples e óbvio que isso pareça, poucos têm a visão clara de por que não fazem o que já sabem fazer. Não enxergam a razão de a vida deles não ir para a frente.

✦

A primeira grande empresa para a qual prestei consultoria foi a Prudential of America, a maior companhia de seguros do mundo! Apesar de gastarem milhões de dólares em treinamento, não sabiam por que suas estrelas eram estrelas.

Eu sabia o porquê.

Acabei na sala de Mel Haycraft, vice-presidente do escritório de Chicago no Prudential Center, o território número um dos dez que essa empresa possuía.

"O que você tem para mim?", ele quis saber.

"Eu tenho algumas ideias que acho que vão mudar todo o seu mundo", falei.

"É mesmo?"

"Sim", afirmei.

Em resposta, Mel pegou um punhado de folhetos e os jogou sobre a mesa, que antes estava vazia.

"Todos dizem a mesma coisa", ele começou.

"Mas eu sou diferente."

"Como você é diferente?"

"Eu obtenho resultados."

"Ah, é mesmo? Todas essas pessoas disseram isso também."

"Sim. Bem, eu sou diferente."

"O que o faz diferente?"

"Eu me faço diferente. Ouça, poderíamos ficar aqui nessa para sempre. A sua responsabilidade é aumentar as vendas. Há alguém acima de você que o está observando; se não melhorar as vendas, será demitido. E você sabe disso. Eu sou o cara que vai ajudá-lo a fazer o que você quer fazer. Dê-me o nome de cem das melhores pessoas que trabalham para você – não as suas piores, pois qualquer um pode fazer algo com elas – e vou lhe mostrar o que posso realizar. E sem cobrar um centavo por isso."

"Eu gosto disso", ele disse ao olhar para mim.

"Eu achei que gostaria."

Mel aceitou a minha oferta. Selecionamos, então, cem dos melhores funcionários que trabalhavam lá e os conduzimos a vender mais do que jamais haviam vendido no mesmo período. Todos na empresa queriam saber o que diabos Mel Haycraft estava fazendo. Depois desse teste, organizei um grupo de 450 vendedores da Prudential no Hillside Holiday Inn, em Chicago, diante dos quais me coloquei de pé e lhes avisei: "Posso mostrar a cada um de vocês como sair e conseguir US$ 5 milhões em negócios neste ano".

Quando eu disse isso, perdi todo o público. O corpo deles ficou, mas a mente foi embora.

No primeiro intervalo, um homem veio até mim e perguntou:

"Proctor, você já vendeu seguro?"

"Não, eu nunca vendi. Por quê?"

"Você não sabe do que está falando."

"Ah, eu sei do que estou falando. Acabei de dizer que nunca vendi seguros."

"Você sabia que esta empresa vai completar cem anos no próximo ano?"

"Isso mesmo."

"Você sabia que temos vinte mil agentes de vendas?"

"Sim."

"Você sabia que nunca vendemos uma apólice de US$ 5 milhões?"

"Então você pode ser o primeiro."

"Você disse que poderíamos fazer isso neste ano", ele me olhou com um sorriso pretensioso no rosto. "Estamos em agosto... o ano está quase acabando."

"Então, não vai demorar tanto tempo para você fazer isso, não é mesmo? O negócio é o seguinte", eu continuei. "Você já sabe como conseguir os US$ 5 milhões. O seu problema não é como conseguir, mas, sim, por que não está fazendo o que já sabe fazer. Se abrir os ouvidos e me escutar, vou lhe mostrar como conseguir US$ 5 milhões. Eu não tenho que vender seguro para saber como conseguir esse resultado. Você sabe como vender o seguro, porém desconhece a razão de não estar fazendo o que quer fazer."

O nome dele era Don Slovan. Na segunda semana de dezembro, ele tinha fechado negócios no valor de US$ 5,2 milhões, finalizando o ano com pouco mais de US$ 6 milhões. Isso tudo está nos registros da Prudential e em revistas que eu poderia lhe mostrar agora.

E aquele rapaz não foi o único a vender US$ 5 milhões em seguros. Houve toda uma série de pessoas que o seguiram. Psicólogos de Nova Jersey foram enviados para tentar descobrir o que esse tal de Proctor estava fazendo! Um desses profissionais retornou e disse: "Registre todas as ações dele; depois, vamos sair e pegar um ator para ensiná-lo o mesmo!". Pensei: *Pobre rapaz... não tem ideia do que eu estou fazendo.* Para aquele homem, se tratava do que eu estava dizendo, quando na realidade era a energia que eu colocava para fora.

✦

Descobri o que eu havia feito para mudar a minha vida, e não tive que estudar a personalidade de ninguém, além da minha. Com exceção do sistema reprodutivo, os seres humanos são todos iguais. Você pode pensar em idade, raça e diferenças culturais como fatores para estabelecer distinção entre nós, mas lance-nos em uma fornalha e seremos reduzidos ao mesmo nível. Então, meu conselho é: use suas habilidades superiores e olhe para dentro de si.

Somos seres espirituais, vivendo em um corpo físico, porém existe apenas uma mente. Todos temos uma programação diferente, com condicionamentos genéticos distintos; contudo, apesar de criados em ambientes diversos, compartilhamos das mesmas faculdades mentais.

Condicionados a viver de acordo com os nossos sentidos – podemos ouvir, ver, cheirar, provar e tocar –, deixamos o mundo exterior tomar as rédeas de nossa mente. Olhamos para o nosso boletim escolar e ele monitora como somos, transformando-se em nossa folha de vendas ou avaliação de trabalho.

Somos dotados das faculdades mentais mais elevadas: intuição, percepção, vontade, memória, razão e imaginação. Quando começamos a desenvolver e usar essas habilidades, conseguimos controlar nosso mundo exterior, que deixa de exercer poder sobre nós.

Einstein estava muito certo ao afirmar: "A mente intuitiva é um dom sagrado, e a mente racional é um servo fiel. Criamos uma sociedade que honra o servo e se esqueceu do dom".

Basta compreender como nossa programação ocorreu para, então, mudá-la a fim de que não mais nos domine; assim, será possível controlar a nós mesmos e a nossa vida, além de definir qualquer meta e chegar lá.

✦

Existe apenas um problema no mundo – a ignorância –, e em sua empresa não é diferente. As pessoas não sabem e, na maioria dos casos, não sabem que não sabem.

À medida que percorrermos estas aulas juntos, você vai descobrir que sua vida começará a mudar. Tudo o que precisará fazer é se abrir, tornar-se mais consciente.

✦

Napoleon Hill disse algo muito bom a respeito do dinheiro: este, quando vem em grandes quantidades, flui para aquele que o acumula tão facilmente quanto a água flui ladeira abaixo. Há um grande fluxo invisível de *poder* que pode ser comparado a um rio, cuja diferença é a seguinte: um lado flui em uma direção, levando os que entram nele para a frente e para cima, rumo à *riqueza*; o outro lado corre na direção oposta, conduzindo todos os que são infelizes o suficiente para entrar nele – e, portanto, incapazes de se livrar dele – para baixo, para a miséria e *a pobreza*.

Toda pessoa que acumula grande fortuna reconhece a existência desse fluxo de vida, o qual consiste no *processo de pensamento* de alguém. As emoções positivas desse pensamento formam o lado da corrente que direciona o indivíduo à bonança; as emoções negativas, por sua vez, são capazes de carregá-lo para a miséria.

Se você tem o objetivo de acumular fortuna, saiba de algo muito importante: caso esteja do lado da corrente de poder que o leva a ela, isso pode servir como um remo que o impulsione para o outro lado, porém *só* pela aplicação e pelo uso. Você não terá benefícios ficando apenas na teoria.

Pobreza e riqueza costumam trocar de papéis, e a primeira pode tomar voluntariamente o lugar da segunda. Quando o inverso acontece, a mudança é provocada por *planos* bem concebidos e executados com cuidado. Já a pobreza não precisa de plano nem de ninguém para ajudá-la, porque é ousada e implacável. A riqueza, por sua vez, é tímida e medrosa, precisando ser "atraída".

Queremos nos concentrar em muito dinheiro e entrar em seu fluxo. Eu falo bastante sobre dinheiro, tentando provocar os outros a pensarem a respeito disso no sentido certo, mas saiba que ele é uma lupa e nada mais. Ganhar grandes quantias não faz de você um ser humano melhor; intensifica o que você já é. Se você não for uma boa pessoa, se tornará insuportável; se for um indivíduo bom, será alguém ainda melhor. O dinheiro lhe permite fazer mais do que você ama fazer. Esse é o objetivo. O dinheiro tem apenas duas serventias: é usado para se obter mais conforto – e quanto mais confortável se está, mais eficaz se torna – e permite estender o bem para muito além de sua presença física.

✦

De onde vem o dinheiro? Do infinito. E de onde vem tudo? Dinheiro é apenas papel com tinta, então é tão inútil quanto um jornal antigo até que você faça uso dele. Papel físico, portanto, *representa* dinheiro; trata-se, então, de uma ideia. Todo o dinheiro do Universo está disponível para você, mas é necessário atraí-lo, conquistá-lo. As únicas pessoas que o "produzem" estão encarceradas, na Casa da Moeda ou a caminho da cadeia. As demais obtêm dinheiro. Simples assim. Não há nada de complicado nisso.

✦

Se você iniciar bem o seu dia, pensando com otimismo, há boas chances de ele ser proveitoso. Em contrapartida, se começá-lo errado, focando coisas negativas, ele provavelmente não será nada bom. E pode ter certeza de que não demorará para que veja más notícias no jornal ou ao ligar a televisão, por exemplo, ou que tentem perturbá-lo. E isso não é feito de maneira consciente e deliberada. Esse é apenas o modo de vida de pessoas com esse perfil. Se você as ouvir, vai sair dos trilhos, então tome o caminho certo.

O mesmo ocorre com o dinheiro.

Agora, eu quero que você construa a imagem do rio em sua mente; um lado o está carregando em direção ao que você quer, e o outro o está conduzindo para longe do que de fato quer. Isto é, você está se direcionando ou para a riqueza ou para a pobreza.

AULA 7

VOCÊ É A SOMA TOTAL DOS SEUS PENSAMENTOS

Energia, consciência e a verdadeira chave para a mudança

Você não atrai o que quer, pois os desejos são de natureza intelectual, ou seja, encontram-se em sua mente consciente. Você atrai aquilo que está em harmonia com você, o que você *é*. E o ser humano é a soma total dos pensamentos que se tornam fixos na mente subconsciente (que é universal). É preciso focar o desejo e plantar o que se quer no fundo do coração, pois isso ditará a vibração em que se está – e só se pode atrair uma energia para si que esteja em uma vibração harmoniosa consigo mesmo.

Os níveis de vibração são chamados de frequências. Nossa mente e nosso corpo funcionam em frequências. Tal qual um rádio, o coração só recebe aquilo que vem da frequência em que está operando. Se você está perturbado, deixando as coisas o incomodarem, posso garantir que, tão certo quanto dois mais dois são quatro, mais problemas serão atraídos. Isso porque você só atrai o que está em harmonia com você.

Agora, você me pergunta: "Como eu posso mudar isso?".

Por intermédio da consciência.

Lembra-se de, quando criança, estudar frações logo após aprender a multiplicar? Claro que, de início, você não sabia o que estava fazendo. Primeiro, a professora explicou no quadro, mas você não entendeu; então, ela foi até sua carteira e lhe deu um exemplo em seu caderno. Muito nervoso, você ainda não compreendia como solucionar a questão.

"Eu não sei como fazer, professora."

"Eu acabei de lhe mostrar."

"Eu não sei como fazer, professora", você repete.

"Bem, preste atenção. Veja o que eu estou lhe mostrando."

Até então, você não estava escutando, pois ouvimos com os ouvidos, mas escutamos com as emoções.

Frequentemente, você ouvirá alguém lhe falar, mas será incapaz de repetir aquelas palavras. Permita-se envolver emocionalmente com o que estão lhe dizendo; assim, passará a escutar e, de fato, a entender. E nada mais o segurará. A consciência entrará em ação.

Desenvolva a consciência, que deve ter uma base: a compreensão. É por isso que o rei Salomão, séculos atrás, disse: "[...] use tudo que você possui para adquirir o entendimento".

✦

Agora vamos pensar; vamos pensar de verdade. Os resultados que você está obtendo são uma expressão do seu nível de consciência. Se deixar isso clarear sua mente, vai descobrir que sua consciência está bloqueada por paradigmas, pelo velho condicionamento – os quais terão de ser mudados.

Imagine, então, a sua consciência se expandindo um pouco. Meu Deus, você poderia multiplicar seus resultados! Para tanto, é essencial entender que tudo o que estamos fazendo aqui é expandir o seu nível de consciência em diferentes áreas.

Você elimina a escuridão quando acende a luz. Que haja luz; que haja um nível mais elevado de consciência.

Um indivíduo não faz US$ 100 mil por ano porque quer ganhar essa quantia anual. Ele recebe US$ 100 mil no fim de doze meses porque não está ciente de como ganhar US$ 100 mil em trinta dias! Quando se conscientiza disso, não há mais volta: não se contenta mais com US$ 100 mil por ano.

Que haja luz. Que haja um grau mais elevado de consciência. Queremos expandir nosso nível de consciência. É como Maya Angelou disse: "Faça o melhor que puder até que você saiba mais. Então, quando você souber mais, faça melhor".

Por que as pessoas passam por dificuldades? Elas não querem que isso aconteça, mas não estão cientes de como eliminar as adversidades.

Como você expande o seu nível de consciência? Essa é uma boa pergunta, para a qual todos devem obter uma resposta. Você consegue isso por meio de uma educação eficaz combinada a um treinamento profissional durante um período razoável. Assim, alterará o condicionamento e expandirá o seu nível de consciência.

Entenda, expandir sua consciência é colocar uma ideia maior no lugar da ideia menor. Cada vez que realiza isso, você se torna mais consciente de como fazê-lo.

Dizemos que é triste uma criança sentir medo do escuro, mas é muito mais triste um adulto ter fobia da luz. Alguns receiam acordar, pois estão confortáveis onde estão. E sabia que há mulheres por aqui, provavelmente a uma curta distância de onde você está agora, sendo jogadas na parede, todas as noites, por algum bruto ou bêbado? E elas têm medo de ir embora! Por que elas têm medo de sair da relação? Porque têm mais medo de ficarem sozinhas. Às vezes, chegam a ir embora, mas acabam voltando. Não é incomum. O que provoca isso? A consciência delas.

Mude a sua consciência. Sem isso, não haverá mudança permanente, e você não poderá atrair o que quer.

✦

Tudo o que estamos buscando está nos buscando.

Quando li isso pela primeira vez, eu não entendi. Tudo o que estamos buscando está nos buscando. Consciência é o nome do jogo. Então, vamos nos tornar conscientes de certas coisas sobre nós mesmos.

✦

[Bob escolheu uma pessoa aleatoriamente e descreveu a personalidade dela em detalhes.]

BOB: Tina, há quanto tempo você estuda a personalidade humana?

TINA: Há 26 anos.

BOB: Com que frequência se depara com alguém que pode dizer como você é, do jeito que eu fiz? É incomum, não é?

TINA: É raro.

BOB: Esta é a primeira vez que você se depara com alguém assim. No entanto, eu fui muito preciso. E poderia ir mais longe apenas para validar a precisão. Acha que sou muito preciso na leitura de sua personalidade, não é?

TINA: Você é muito preciso.

BOB: Como eu poderia saber fazer isso? Bem, o que você vê aqui não é a Tina, mas o corpo dela.

Essa é uma estrutura molecular, uma massa de moléculas em uma velocidade muito alta de vibração. A mente dela é movimento. E essa não é a mente dela, mas a expressão da mente dela. E a mente é movimento, manifestado pelo corpo. Agora, a vibração em que ela está eu capto, pois posso lê-la. Se consigo lê-la, você também consegue. Se meus olhos estivessem fechados, eu saberia como ela é, certo? A energia vinda do corpo é tão potente e poderosa, que penetrará em uma câmera, em um filme, e você poderá fotografá-la. À medida que Tina muda as imagens na mente dela, a densidade na cor da energia mudará.

No ano em que nasci (há *muito* tempo), Semyon Kirlian, um fotógrafo russo, aperfeiçoou uma forma de fotografia por meio da qual era possível registrar uma massa e a energia proveniente dela. Assim, à medida que Tina muda as imagens em sua mente, a densidade e a cor dessas imagens vão mudar.

Agora, quando entro em contato com a energia dela, posso alterá-la. Na verdade, eu farei com que a energia dela mude – e ela fará o mesmo com a minha. Nenhum de nós sabe nada sobre isso; somos apenas, digamos, um par de funcionários de escritório, mas nossa energia está trabalhando para que a energia do outro mude.

Em qualquer empresa na qual os colaboradores estejam sentados às suas mesas, eu poderia dizer: "Mude essa mulher para lá!"; "Mude esse homem para cá!"; "Pegue essa senhora e coloque-a aqui!". Ao reorganizar o escritório, a produtividade nele iria subir e a energia estaria, então, fluindo livremente. Isso se chama "circulação".

Quando o sangue no corpo para de circular, estamos acabados. É o fim. Passaremos para a próxima fase de nossa jornada eterna. A circulação é a lei do Universo. Bem, quando temos a energia em um escritório fluindo livremente, a produtividade sobe. Precisamos estar cientes de que o nosso ambiente tem muito a ver com o nosso estado mental.

✦

Karl Menninger – da Fundação Menninger em Topeka, Kansas [Estados Unidos] – afirmou que o ambiente é mais importante do que a hereditariedade. Tenha muito cuidado com aqueles que estão ao seu redor. Sou muito, muito zeloso quanto a isso. Há algumas pessoas que eu não quero por perto por muito tempo. Não acho que sou melhor do que elas, só não quero ser como elas. Eu acho que ninguém é melhor do que ninguém, mas não quero viver a vida que alguns estão vivendo. Se você pensa como eu, afaste-se de quem está em uma vibração ruim o tempo todo.

BOB: Agora, Tina, você tem estudado a mente por vinte e poucos anos; no entanto, diz que é incomum o fato de eu poder passar ao lado de um indivíduo e lhe contar tudo sobre ele. O que quero transmitir é o seguinte: essa habilidade não é exclusiva, apenas incomum em relação à maioria das pessoas. Se eu posso fazer alguma coisa, você também pode. Não tenho nada para mim que você não tenha para você! Você pode aprender a fazer o que testemunha os outros realizando se quiser e se estiver preparada para pagar o preço.

Quando entro em uma sala de reuniões em um escritório corporativo, sei exatamente como são os participantes e como trabalhar com cada um deles. Conheço aqueles cujo lado esquerdo do cérebro é dominante e as pessoas cujo lado direito predomina. Há ainda os que alternam entre o uso da parte esquerda ou direita. Presto atenção às energias e sei como estruturar a conversa para que eu efetue a venda. Não é uma questão de se "eu *vou* fazer a venda", mas de "eu *quero* fazer a venda?". E se eu não quiser concluir a venda, eu não vou concluí-la. Por quê? Bem, existem alguns indivíduos com quem não queremos trabalhar: aqueles a quem temos que convencer todos os dias. Se não fazem o que eu digo, estamos encrencados. Por isso, sou seletivo. A maioria das pessoas quer que você as treine do jeito delas, mesmo quando ele não está funcionando.

Enquanto um cliente fizer o que eu digo, vou prosseguir. Ele vai ganhar vários milhões de dólares, se for isso que quiser e se continuar sendo um ótimo aluno. No entanto, muitas vezes eles aprendem apenas um pouco e, em seguida, não querem mais estudar. Resultado: eles se fecham.

✦

Ótimos alunos absorvem informações rapidamente e sempre querem mais. Mostram-se ansiosos para aprender. Avi é um ótimo aluno meu, sempre me faz perguntas de qualquer tipo, deixando a vergonha de lado.

Não há perguntas estúpidas. Se você tem uma dúvida, pergunte. O objetivo é desenvolver a conscientização. É tudo uma questão de conscientização. Isso é o que importa.

AULA 8

VOCÊ JÁ TEM O NECESSÁRIO

Entendendo sua perfeição espiritual

Em seu livro *Working with the Law* (Trabalhando com a lei), Raymond Holliwell escreveu o seguinte: "Há um maravilhoso mundo interior que existe dentro de nós, e a revelação de tal mundo nos permite fazer, obter e alcançar qualquer coisa que desejarmos dentro das fronteiras ou dos limites da Natureza".

Há um mundo operando dentro de você. E ele é maravilhoso. O seu DNA espiritual é perfeito; não requer modificação ou melhoria. Existe uma excelência absoluta em seu interior. É importante entender isto: *Há perfeição dentro de você.* Tudo o que precisa fazer é deixá-la aflorar. Quando sai da sua zona de conforto e busca algo que ama e que está além do que acha que pode fazer, você descobre que é capaz de realizar tarefas de uma forma muito melhor do que costumava crer ser possível. Você se torna consciente de que, anteriormente, não conseguiu reconhecer ser detentor de determinada habilidade.

✦

Crescemos com a ideia de que, para nos tornarmos o que queremos ser, temos que obter "algo", independentemente do que esse "algo" signifique. Não precisamos "obter" nada. Nós já *obtemos* tudo. Eu, por exemplo, não obtive nada para ir de uma situação sem dinheiro e com dificuldades para um contexto de começar a ganhar milhões. Apenas tomei consciência do que já tinha.

A ciência e a teologia nos ensinam que todo o poder que existe está presente em todos os lugares ao mesmo tempo. Ele está dentro de mim! E todo o conhecimento que já existiu ou existirá também está 100% presente em todos os lugares ao mesmo tempo. Essa é uma grande ideia. Nada é criado ou destruído; tudo é feito da mesma coisa: espírito/energia. Pergunte a si mesmo: "De onde vêm as ideias? De onde veio a ideia do *smartphone*?".

A verdade simples é que alguém ativou a imaginação e originou a ideia do poder que está continuamente fluindo para e através de nós. Essa pessoa estava ciente de que, se pudesse ver algo em sua mente, ela o seguraria nas mãos.

✦

Isso não é difícil. Na verdade, é muito fácil de entender. Foi o que ensinei para crianças.

Eu estava mostrando a um amigo um conjunto de cinco cartões esportivos reunidos em um quadro pendurado na parede da minha casa. Cada cartão contém a foto de um dos cinco ganhadores da medalha de ouro da prova de decatlo ainda vivos na época, todos assinados pelo medalhista em questão. Um bom amigo meu, Milt Campbell, foi um desses atletas e me deu esses cartões. Os outros são Bob Mathias, Jim Thorpe, Rafer Johnson e Bruce Jenner (agora conhecido como Caitlyn Jenner).

Milt estava trabalhando comigo na época. Tínhamos um grupo de doze crianças para as quais eu ensinava, durante uma hora por semana via telefone, a respeito da mente e da vida. E doze aulas depois, elas subiram ao palco em Kansas City, na frente de aproximadamente dez mil pessoas. Lá os adultos as ouviram e fizeram anotações. Foi absolutamente incrível o que aquelas crianças aprenderam sobre a mente em tão pouco tempo.

Nós, adultos, achamos que sabemos muito, então rejeitamos tudo isso como "superstição". Essas verdades sempre estiveram aqui e foram compreendidas por poucos.

✦

Você é um ser espiritual. Há um poder fluindo para e através de você, com o qual é possível fazer o que quiser. À medida que ele flui, você escolhe pensamentos; ao internalizá-los, altera a taxa vibratória do corpo. Em um nível consciente, ao nos tornarmos conscientes da vibração em que estamos, referimo-nos a essa consciência como *sentimento*... palavra inventada para descrever a consciência da vibração.

Vamos dar uma olhada nisso de outra maneira – é uma questão de escolha. Holliwell diz o seguinte: "Todos os fracassos na vida se devem ao fato de escolhermos o finito ao nosso redor. Todo o sucesso na vida se deve ao fato de escolhermos a lei interior".

Se não podemos ver, cheirar, provar ou tocar algo; se não podemos nos envolver com o físico, dizemos que ele não existe. Muitas vezes, você ouve alguém dizer: "O que você desconhece não vai machucá-lo". Bem, o que você desconhece pode matá-lo. Por exemplo, existe ar nesta sala. Se selássemos tudo hermeticamente e começássemos a bombeá-lo, o que aconteceria? Explodiríamos este lugar.

Há poder no que não vemos. Temos que começar a entender isso. *Todos os fracassos na vida se devem ao fato de escolhermos o finito*, o que está acontecendo lá fora. E existe uma limitação do lado de fora; por isso, achamos que não podemos ter algo diferente e paramos de perseguir o que realmente almejamos. Dinheiro é um bom exemplo disso, pois, quanto mais o queremos, mais vemos os números da conta bancária diminuir. Se colocarmos nosso foco no finito ao nosso redor, assim como nos números da conta bancária cada vez menores, e acreditarmos que essa é a verdade, é isso que vamos obter.

No entanto, podemos mudar nosso foco para o interior e para o sucesso que queremos e acreditamos ser possível. Não importa o que você vise aprender, a maneira de fazer isso já está aqui. Se você se encontra travado, é porque não tem ciência do que já está aqui. Continue pensando... imagine o que quer que seja. O caminho virá por intermédio de ideias suas ou de outra pessoa. Ao imaginá-lo finalizado, você muda a sua mente para a frequência que contém o caminho, e ele será atraído por você.

✦

Muitas vezes me ponho de pé em um seminário, aponto para mim mesmo e digo: "Este sou eu". A verdade, porém, é que *este* não sou eu, mas o meu corpo. Se me perguntar: "Quem é você?", eu lhe digo: "Eu sou o Bob". No entanto, não sou o Bob. Meu nome é Bob. Você nunca ouviu ninguém afirmar: "Eu sou a mão. Eu sou a cabeça. Eu sou o pé". As pessoas dizem: "Esta é minha mão, a minha cabeça. Este é o meu pé, o meu nome, o meu corpo". Nunca será possível ver o verdadeiro eu com os olhos físicos. Somos oniscientes, onipotentes; parte de nós está em toda parte porque somos uma alma. Eu não tenho uma alma, eu sou uma alma, um espírito, a forma mais elevada da criação de Deus.

Você pode sentir a presença de uma pessoa, mesmo que ela esteja do outro lado do mundo. Basta um estar pensando no outro, ambos com as energias emocionalmente envolvidas, na mesma frequência. Isso ocorre porque não há tempo nem espaço no espírito e na mente.

Temos que entender que todo o conhecimento que já existiu ou que vai existir está sempre aqui. A maneira de pilotar aviões ou de construir microfones e computadores, por exemplo, sempre esteve aqui. Por que as pessoas passam por dificuldades? Por que resistem a esse tipo de informação? Quando Henry Ford montou carros, não era incomum ouvir alguém dizer: "Eu não vou comprar uma dessas coisas estúpidas", "Você estaria muito melhor se tivesse um bom cavalo e uma boa carroça!", "As pessoas nunca vão comprar essas coisas!", "Você teria que construir estradas e ter gasolina para os carros em cada esquina", "Eles nunca vão virar moda".

Hoje, achamos que os carros são a melhor maneira de viajar. A verdade, porém, é que a *melhor* maneira de viajar ainda nem foi pensada. A melhor maneira de fazer o que você está fazendo ainda não foi pensada. Por que você não pensa nela? Por que não pensa em uma maneira melhor de comunicar essas informações? Elas estão aqui. Tudo o que você precisa fazer é acessá-las.

✦

Recentemente, fui a Tel Aviv, Chipre, Dubai, Melbourne, Auckland, Los Angeles e, então, retornei a Toronto. Isso tudo ocorreu em aproximadamente sete a oito dias. Em todos os lugares aos quais eu ia, havia multidões me perguntando: "Poderia passar uma hora com você?", "E quinze minutos?", "Posso fazer apenas uma pergunta?". E eu era forçado a negar, porque tinha que pegar um avião rumo à próxima cidade. O tempo todo, porém, pensava: *Eu deveria ser capaz de passar tempo com essas pessoas. Se pudesse apenas responder às suas perguntas, poderia mudar a vida delas. Eu sei o que elas querem descobrir. Deve haver uma maneira, com os sistemas de comunicação que temos hoje.*

No retorno a Toronto, me veio à mente o seguinte: *Streaming!* Bem, eu não sabia nada sobre *streaming*, então liguei para Joshua Carr, nosso rapaz de TI.

"O que você sabe sobre *streaming*?"

"Bem, o que você quer saber?", ele perguntou.

"Eu posso transmitir?"

"Claro que pode. Vou configurar para você."

Uma ou duas horas depois, ele me telefonou e avisou:

"Há um ícone no seu computador, basta clicar nele."

E assim passei a fazer *streaming*. Duas horas depois de eu pensar na ideia, mais de trezentas pessoas, de sessenta países, se inscreveram no Bob Proctor's Streaming Club.

Não há limite para o que você pode fazer! No entanto, é necessário sair da zona de conforto e agir! Eu não sabia como, nem precisava. Alguém faria isso por mim. Eu pedi a ele que o fizesse. O que você tem que entender é que a maneira de fazer isso já está aqui. Basta alguma ajuda.

Obtenha ajuda! Não tenha medo de pedir. Humilhe-se. Não tente ser a pessoa mais inteligente do mundo, pois sempre existe alguém com mais conhecimento. Há aqueles que sabem fazer as coisas cujo funcionamento desconhecemos. E saiba que é possível aprender, porém não se menospreze só porque não sabe.

Andrew Carnegie explicitou isso perfeitamente quando disse:

> A acumulação de grandes fortunas exige poder, e o poder é adquirido por meio de conhecimento especializado organizado e inteligentemente dirigido; no entanto, esse conhecimento não precisa estar em posse da [pessoa] que acumula a fortuna.

Andrew Carnegie afirmou não saber nada sobre o negócio do aço – e não se importava com isso. Ele encontrou o conhecimento especializado de que precisava para a fabricação e a comercialização de aço por meio de seu grupo mastermind. Vale a pena mencionar que, em 1908,

Carnegie era o homem mais rico do mundo, presumivelmente o primeiro bilionário.

Todo o poder no Universo está 100% presente de maneira uniforme em todos os lugares ao mesmo tempo. Você o possui! Você tem *todo* o conhecimento. Para *toda* pergunta há uma resposta. O Dicionário *Merriam-Webster* chama uma pergunta retórica de pergunta sem resposta. Não é uma pergunta, mas uma afirmação. Existe a lei da polaridade, a qual afirma que para tudo há um oposto: pergunta e resposta; para cima e para baixo; quente e frio. Não se tem um sem o outro. Comece a fazer a si mesmo as perguntas certas; as respostas estarão lá. Por exemplo, indague-se: "Você é realmente o que você finge ser?".

Ouvimos as pessoas dizerem: "Ah, eu sou assim". *Ah, qual é?!* Ou afirmam: "Eu gostaria de fazer isso, mas não sei como".

Você tem alguma ideia de onde estaríamos se todos sempre alegassem: "Eu não posso fazer isso porque não sei como"? Você não *precisa* saber como! Basta saber que você pode.

✦

Se você definir uma meta e souber como alcançá-la, não crescerá. Significa que você está desencaminhado! Um objetivo deve ser definido para algo que não se tem *absolutamente* nenhuma ideia de como fazer. O único pré-requisito é se perguntar: Eu *realmente* quero isso?

No meu livro *Você nasceu rico*, publicado nos anos 1980, conto a história de um casal que eu conhecia: Pat e John. Perturbados, os dois não estavam se dando muito bem e enfrentavam dificuldades. Eu lhes disse:

"Sabe qual é o problema? Vocês não têm um objetivo! E precisam de um objetivo. O que querem de verdade?"

Pat estava entrando em sintonia com a nossa conversa, mas John estava ficando com raiva das minhas perguntas.

"Bem, gostaríamos de comprar a nossa própria casa", disseram por fim.

"Então, saiam e comprem uma."

"Mas não temos dinheiro", John afirmou.

"Você não precisa de dinheiro. Para que você precisa de dinheiro?"

"O que você quer dizer com não precisarmos de dinheiro?"

"Bem, vocês não decidiram comprar a casa, então para que precisam do dinheiro? Vou mexer com a mente de vocês. O que vocês querem?"

Na época, eles moravam em um porão com a filha dela. O filho de John não falava com o pai – vivia com a mãe –, e os dois me disseram que queriam estar juntos na própria casa durante o Natal. A ideia era convidar o filho dele e a filha dela para passar a data com eles.

"Ok, então esse é o objetivo. Isso não deve ser muito difícil de conseguir. Basta pedir."

"Basta pedir isso?"

"Sim, apenas peça!"

Liguei para uma corretora de imóveis que eu conhecia, Natalie Kopman, da Harvey Kalles Real Estate, cujo escritório ficava nas proximidades.

"Venha para cá. Eu tenho dois clientes para você", eu avisei. "Eles querem comprar uma casa e não têm dinheiro."

Natalie havia participado de um seminário meu, então sabia exatamente o que fazer. Quando chegou ao nosso encontro, pediu:

"Descrevam a casa para mim."

O casal assim o fez, e ela encontrou a residência que desejavam, localizada em 7 Bards Walkway. Natalie lhes explicou do que eles precisavam para realizar a compra. Isso foi em outubro.

Ambos vendiam seguro de vida para a mesma empresa, e eu orientei:

"Perguntem ao gerente como vocês podem ganhar aquela quantia em dinheiro para, em pouco tempo, ajudar no valor da compra."

E eles conseguiram. O casal comprou a casa na 7 Bards Walkway, para onde os dois se mudaram por volta do dia 10 ou 12 de dezembro. E eu fui visitá-los no dia 16.

Pat e John haviam conquistado a casa dos sonhos, mas tinham uma mesinha minúscula e apenas duas cadeiras.

"Como vocês vão celebrar a ceia de Natal com isso?", eu lhes perguntei.

"O filho de John ainda não está falando conosco", Pat explicou.

"Bem, ainda não é Natal!"

Foi coincidência minha esposa, Linda, e eu termos nos mudado recentemente; tínhamos um conjunto de sala de jantar sobrando. Lá fui eu, no meu Cadillac conversível branco, dirigindo pela rodovia com a capota para baixo no meio do inverno, com todos os móveis no carro, com cadeiras e mesas embrulhadas ao meu redor. No dia do Natal, o filho de John apareceu, a filha de Pat estava lá, e todos celebraram juntos a ceia em sua casa.

✦

Há algo dentro de você que quer se tornar *um* com o que *é*, com Deus. Esse desejo vai fazê-lo crescer. Se deixamos que algo em nosso interior se expresse através de nós, tornamo-nos criativos, com vontade de expressar nossa singularidade como seres humanos. Sei que tenho respostas para tudo o que quero saber dentro de mim. Eu só tenho que relaxar minha mente e me abrir para o bem que desejo.

Sandy Gallagher, minha sócia, e eu nos sentamos e estabelecemos a meta de ganhar US$ 100 milhões por ano com nossa empresa. Algumas pessoas dizem: "Por que você não se aposenta?". Isso é o mesmo que: "Bem, por que você não vai lá e se enterra?". A aposentadoria é uma má ideia, um recuo da vida, porque eu ainda quero fazer um monte de coisas que custam dinheiro. Quero construir escolas na África. Se você tem mais dinheiro do que precisa, então não está fazendo o que deveria! Sempre há algo a mais para realizar.

Não tenho tanto interesse em dinheiro, a não ser em ganhar mais, por causa do que eu quero fazer com ele; ou seja, é apenas o veículo. É como o carro que vai me conduzir para casa, ou o avião que vai me levar para onde eu quiser. Trata-se de um instrumento usado para expressar sua singularidade como ser humano.

Você é a descendência de uma alma imortal. Se colocar essas coisas em sua mente, vai entender quem é o seu verdadeiro eu.

Veja bem, você apenas acompanhou o que estou dizendo, e isso fez com que olhasse para si mesmo um pouco mais objetivamente, tal qual um estranho o faria. Somos a única criatura neste planeta capaz de olhar para si mesma de uma perspectiva externa. Podemos observar nosso comportamento, ouvir o que dizemos, prestar atenção ao que estamos fazendo e para onde estamos indo. Não há ninguém vivo que saiba o que você é capaz de fazer.

Eu tenho uma citação aqui de um amigo meu, Steve Bow: "O presente de Deus para nós é mais talento e habilidade do que jamais esperamos usar em nossa vida. A nossa oferta para Deus é desenvolver ao máximo esse talento e essa habilidade nesta vida".

✦

Antes de terminarmos aqui, você terá a oportunidade de obter a ajuda de todos nesta sala para conseguir o que deseja. E você pode não saber o que quer, ou ter vindo aqui pensando que sabia o que queria, mas talvez essa ideia tenha mudado drasticamente.

Quando veio aqui da última vez, Jennifer, você não sabia o que queria, não é? Isso foi no fim de outubro, e agora estamos na metade de janeiro. Ao sair daqui naquela época, estava um pouco abatida porque todo mundo sabia o que queria, menos você. Então, chegou em casa e *bum!*, algo aconteceu. Parou de pensar: *O que posso fazer?* e começou a refletir: *No que eu sou realmente boa e o que eu amo fazer?* No que você é boa, Jennifer?

JENNIFER: Sou uma boa mãe. Adoro ser mãe.
BOB: E daí?
JENNIFER: Eu sou boa porque pego o que você ensina e aplico.
BOB: Então, está se saindo bem na maternidade? E o que você fez?

JENNIFER: Decidi que queria redigir um livro em uma semana e torná-lo um *best-seller* até o próximo seminário Matrixx. Escrevi para você porque não queria que o rejeitasse. Você disse: "Vá em frente". E entrei em contato com Peggy McColl.

BOB: E você o escreveu em uma semana?

JENNIFER: Sim.

BOB: E é bom?

JENNIFER: É um *best-seller* internacional. Está em primeiro lugar nas vendas.

Veja bem, ela parou de pensar o que não podia fazer e voltou a atenção para o que amava fazer. Obrigado, Jennifer. Uma salva de palmas para ela.

Se você ainda não decidiu o que quer fazer, esqueça isso e se pergunte: "O que eu *amo* fazer?".

Eu *amo* isso. *Amo* ver as pessoas despertarem! E quando o fazem, eu sei. Elas podem não dizer nada, mas *sinto* a mudança de energia. E digo: "Uau!". Vejo isso acontecendo o tempo todo, o que me deixa animado. Essa é uma forma de entretenimento. É o que os artistas fazem. Eles colocam a energia para fora e a obtêm do público, fazendo-a circular. É o que está acontecendo aqui. E continua ficando cada vez maior e melhor.

O que você ama fazer? O que *realmente* ama fazer? Vamos chegar ao ponto em que você vai escrever seu objetivo em um pequeno cartão – não será grande coisa – e ele se tornará um *best-seller.* É meio revoltante pensar como é simples, não é? Você se pergunta: "Por que transformar uma coisa em algo superimportante?". Trata-se de algo importante porque você não sabe como fazê-lo. Se ficar esperando até descobrir como fazer algo, talvez nunca faça nada. Basta começar, e a ajuda virá.

Jennifer não sabia nada sobre escrever um *best-seller,* então ela me perguntou. Eu lhe dei o número de Peggy McColl, que é muito boa em escrever livros e transformá-los em *best-sellers.*

O que você sentiria se tivesse uma ideia e todos aqui usassem as conexões que têm para ajudá-lo? Isso seria legal, não é? É o que vai acontecer. Mas eles não podem ajudá-lo, a menos que você decida o que quer. Basta colocar no papel. E se me der para ler, eu terei a mesma imagem em minha mente que você tinha na sua enquanto escrevia. Não é uma boa ideia? Eu acho que sim.

AULA 9

O MODELO EXISTENTE É OBSOLETO

Reprogramando sua mente para o crescimento pós-traumático

Tina me fez uma boa pergunta, que vou revelar na presença de todos. Ela disse: "Há estresse pós-traumático e crescimento pós-traumático. Como você se envolve com o crescimento pós-traumático?".

Michael Beckwith me deu a resposta para isso. Acho que ele fez um filme ou escreveu um livro sobre o assunto. Há uma abordagem de três etapas para deixar o passado de lado e esperar o bem no futuro.

Número 1: *As coisas são como são, então as aceite.* Não importa o que já aconteceu. Alguns de vocês passaram por momentos ruins no passado, que perturbaram e bagunçaram sua vida. *As coisas são como são, então as aceite.* Ou você vai controlar, ou será controlado.

Eu aprendi isso com Michael em um sábado. Na semana seguinte, fui para o Centro Médico Cedars-Sinai, onde abriram o meu peito, tiraram o meu coração, colapsando meu pulmão e substituindo a válvula aórtica. E quer saber de uma coisa? Eu melhorei rapidamente, e estava de volta à estrada em noventa dias, voando feito um foguete. Eu anotei o que Michael disse e pensei: *Isso é brilhante.*

Número 2: *Colha o bem.* Eu amo a palavra "colheita". Você consegue ver as pessoas trazendo as colheitas. Há o bem em tudo; quanto mais procurar, mais vai encontrar.

Número 3: *Perdoe tudo.* Perdoar significa se desligar por completo, abandonar. Apenas deixe para trás. Pare de se debruçar sobre o que está errado.

Isso se chama crescimento pós-traumático. Há o mau e o bom.

Você pode estar pensando: *Bem, tem que haver mais do que isso. Preciso consultar alguns cientistas comportamentais, psiquiatras e psicólogos.* É necessário *fazer muita terapia.*

Veja bem, se isso fosse complicado, eu nunca teria conseguido, pois sou um cara simples. Apenas mantenha a simplicidade. É isso que você deve fazer. As coisas são o que são, então aceite-as. Ou você será controlado, ou vai controlar. Colha o bem. Perdoe tudo.

✦

Conheci Cynthia Kersey no Airport Marina Hotel. Ela é uma mulher impecável, não sei se você já ouviu falar dela. Cynthia arrecadou milhões de dólares para construir escolas em todo o mundo. Na ocasião, o marido dela a havia deixado, e ela estava bastante abalada. Ela acabara de voltar de sua terapeuta quando nos vimos pela primeira vez.

"Então, o que sua terapeuta disse?", eu perguntei.

"Que o período em que eu sentiria muita raiva seria de nove meses a um ano."

"Por que que você faria isso?! Demita a terapeuta. Por que você iria querer ficar com raiva? Transmita amor a ele."

Ela olhou para mim como se eu tivesse caído de uma árvore.

"Transmitir amor?"

"Transmita-lhe amor. Não tem nada a ver com ele. Enquanto está mantendo pensamentos ruins sobre seu ex--marido, ele está se divertindo, e você é a única com uma vibração ruim! Comece a entender como sua mente funciona. Quando lhe envia amor, esse sentimento tem que passar por você. Essa energia sem forma flui para a sua mente, e você a molda, transformando-a em algo bonito e, depois, enviando-a para ele. O que seu ex-marido fará com isso dependerá dele. Mas é você que está se beneficiando."

Você sabe o que é perdão? Perdoar significa deixar para trás, abandonar – e isso é para o *seu* benefício!

✦

As pessoas continuam repetindo suas histórias tristes. E sabe o que acontece? Elas continuarão ocorrendo, pelo menos na mente de quem as vive ininterruptamente. Às vezes, nem serão experienciadas no mundo físico. Qual é a razão de querer morar ali? Você gostou? Não. Então, por que vai para lá? Por que você não vai aonde quer? Nós temos a capacidade de escolher.

Veja bem, você é um ser espiritual, e a maneira como usa o seu intelecto dita o seu estado emocional. A vibração em que está é determinada por aquilo com o qual você se envolve. O corpo é uma massa de moléculas em alta velocidade de vibração.

✦

Perdão é um conceito fenomenal; como eu disse, significa se desligar por completo. Perdoe a si mesmo, pois você não pode mudar o que fez. Sabe, há muitas pessoas que vagam por aí com um tremendo sentimento de culpa. Culpa e ressentimento são as emoções mais destrutivas que qualquer um pode experimentar.

Por ter sido criado com muita culpa, à medida que fui envelhecendo, tive dificuldade em me livrar dela. A cada pequena coisa que eu fazia e que achava não estar certa, eu me sentia culpado. Então, me consultei com um psiquiatra no sul da Califórnia umas quatro ou cinco vezes quando, a caminho de lá, decidi que não precisava mais da ajuda dele. Aquele profissional foi capaz de me auxiliar a me livrar da culpa usando o conceito simples de perdão.

O perdão é um conceito muito saudável. Temos que aprender a nos perdoar e a perdoar os outros. É preciso perceber que não podemos mudar o que fizemos ontem. Mesmo que você tenha realizado algo deliberadamente errado, deixe para trás! E quando isso voltar à sua mente, se desligue mais uma vez. Se alguém lhe fez algo, não tenha nenhum ressentimento: deixe para lá. Isso não significa dar a oportunidade de repetirem o erro. Mas você não pode manter pensamentos ruins achando que, assim, seguirá em uma boa direção.

O perdão é uma das coisas mais libertadoras que podemos alcançar na vida. Adquira o hábito de não se apegar a nada que lhe esteja fazendo mal. Comece a amar a si mesmo e adquira um respeito saudável pelo que você é capaz de fazer.

Entenda o seguinte: carregar pensamentos ruins sobre alguém ou qualquer coisa não faz bem a ninguém. É pecaminoso, destrutivo. E o preço do pecado é a morte. Os seus maus pensamentos podem estar enterrando sua empresa, sua renda, seu relacionamento ou seus amigos.

O perdão fará com que tudo cresça. Ao perdoar, você se tornará mais saudável, sua renda aumentará, seu número de amigos crescerá, seu negócio prosperará. Basta substituir qualquer pensamento de culpa ou ressentimento por um que seja belo, que transmita fartura, abundância.

Buckminster Fuller disse: "Você nunca muda as coisas lutando contra a realidade existente. Para mudar algo, construa um novo modelo que torne obsoleto aquele já existente".

Veja a si mesmo onde quer estar e depois esteja lá. Não fique no passado. Esteja *lá*! Aja como a pessoa que você quer se tornar.

AULA 10

A NOSSA FORÇA MAIS PODEROSA

Ela nos diferencia de um porco ou de um cavalo

Eu gostaria de compartilhar algo com você:

A mente é o poder superior que molda e transforma,
E o Homem é a Mente, e cada vez mais ele toma
A ferramenta do Pensamento, e, moldando à vontade,
Traz à tona mil alegrias, mil calamidades
Ele pensa em segredo, e isso vai se realizar
O ambiente é apenas o espelho de seu olhar.

James Allen escreveu essas palavras há pouco mais de um centenário, e eu comecei a estudá-las há cerca de 55 anos. Com o passar do tempo, elas significam mais para mim. Esses dizeres descrevem a Lei do Pensamento.

Dizem que pensar é a força mais poderosa de que somos capazes.

Archibald MacLeish, um dramaturgo vencedor do Prêmio Pulitzer, escreveu *The Secret of Freedom* (O segredo da liberdade), peça na qual um personagem se levantava e dizia: "A única coisa que faz de um homem um homem é a sua mente. Tudo o mais você pode encontrar em um porco ou um cavalo".

É uma frase engraçada, mas é verdade: tudo o mais você pode encontrar em um porco ou um cavalo. Veja bem, pensar é uma forma muito, muito poderosa de energia. As ondas de pensamento são cósmicas e penetram em todo o tempo e espaço.

À medida que entrarmos na Lei do Pensamento, farei referência a vários pontos que Raymond Holliwell defendeu em seu fabuloso livro chamado *Working with the Law* (Trabalhando com a lei). Segundo ele: "Para uma pessoa normal, a vida é um enigma, um mistério profundo, um problema complexo e incompreensível, ou assim parece, mas é muito simples se alguém detém a chave. Mistério é apenas outro nome para a ignorância. Todas as coisas são misteriosas quando não são compreendidas; quando entendemos a vida, porém, ela não parece mais misteriosa".

Até os meus 26 anos, a vida era um verdadeiro mistério para mim; era, como Holliwell a descreveu, um problema incompreensível. E eu tinha muitos problemas! No entanto, resolvi estudar essas informações. Demorei um pouco, mas, quando passei a adotar esses conceitos e adaptar minha mente a eles, tudo mudou. Os meus problemas foram desaparecendo. Passei a ganhar muito mais dinheiro, vivia em um corpo saudável e raramente ficava doente. Pessoas diferentes e mais interessantes começaram a ser atraídas para a minha vida. A verdade era que eu estava apenas me tornando alguém mais interessante. Um indivíduo é interessante porque está interessado. Veja bem, à medida que vamos tendo pensamentos poderosos, tudo começa a mudar.

Raymond Holliwell também disse:

> O homem é um ser progressista, uma criatura de crescimento constante diante da qual se encontra um oceano ilimitado de progresso a ser navegado e conquistado apenas pelo desenvolvimento e pela cultura de seus poderes inerentes. O progresso do indivíduo é, em grande parte, determinado por seu estado mental dominante, porque a mente é o fator básico e o poder governante em toda a vida do homem. Deve-se dar atenção ao estado mental predominante, pois ele vai regular a ação e a direção de todas as forças, habilidades e poderes de cada um, cuja soma total inevitavelmente determinará muitas experiências particulares e o destino pessoal.

O estado dominante é como a CPU em um computador. Raymond Holliwell continua:

> O estado mental dominante é composto de várias atitudes mentais que o indivíduo adota em relação às coisas, aos eventos e à vida em geral. Se suas atitudes forem de mente aberta, de tom otimista e honesto para com a vida, o seu estado mental predominante será correspondente e vai exibir uma tendência muito construtiva e progressiva. Como quase todas as forças da personalidade funcionam através da mente consciente de uma forma ou de outra, e como os atos mentais e físicos diários são amplamente controlados pela mente consciente, é óbvio que o estado mental principal determinará a direção na qual os poderes do indivíduo devem prosseguir.

O estado mental dominante é muito importante – na verdade, ele é tudo. Eu sei que você e eu fomos treinados para acreditar que temos que mudar o que está acontecendo lá fora. Fomos programados para viver dependentes de nossos sentidos, a seguir pelo que vemos, ouvimos, cheiramos, saboreamos ou tocamos. Como já observei, porém, damos pouca atenção às nossas habilidades superiores: vontade, percepção, imaginação, intuição, memória e razão. É aí que nossas habilidades internas realmente acontecem. Tudo começa lá dentro.

Não se preocupe em mudar o que está acontecendo lá fora. Eu não me importo se é a sua conta bancária ou a saúde do seu corpo. À medida que assume o poder do pensamento, você descobre que tudo na vida começa a mudar: sua saúde, a conta bancária etc.

Deixe-me compartilhar o que Raymond Holliwell disse sobre o pensamento:

> O pensamento é um elemento sutil. Embora invisível à visão física, ele é uma força ou substância real, tão real quanto a eletricidade, a luz, o calor, a água ou até mesmo a pedra. Estamos cercados por um vasto oceano por meio do qual nossos pensamentos passam como correntes de eletricidade, pequenas faixas de luz ou ondas musicais. Você pode levar os seus pensamentos de polo a polo, ao redor de todo o mundo, repetidas vezes em menos de um único segundo. Os cientistas nos dizem que o pensamento é comparado à velocidade da luz, viajando a 300 mil quilômetros por segundo. Nosso pensamento viaja 930 mil vezes mais rápido do que o som de nossa voz. Dentro do que se conhece, nenhuma outra força ou poder no Universo é tão grande ou tão rápida. É um fato comprovado cientificamente que a mente é uma bateria de força, a maior de qualquer elemento conhecido.

Não é incrível? Veja bem, o pensamento é como o processador do computador: quando está ajustado, ele funciona muito, muito rápido. Você é capaz de pensar, e o que pensa, em última análise, produz os resultados em sua vida. É uma lei.

Vou dizer algo que já compartilhei antes, mas quero enfatizar: os pensamentos que você entrega à sua mente emocional instantaneamente, por lei, controlam a taxa vibratória do seu corpo. Este é uma massa de energia magnética. Se você o colocasse na frente de uma câmera infravermelha em uma sala escura, ele seria visto apenas como uma forma brilhante e radiante. E, se você pudesse ouvi-lo, soaria como uma sinfonia.

A olho nu, o seu corpo parece apenas uma coisa, mas ele é um dos instrumentos mais magníficos do planeta. O que você pensa dita o que ele fará. Sabemos que nossas ações produzem nossos resultados. Se quisermos mudar os nossos resultados, teremos que mudar nossas ações. No entanto, estas não mudarão sem o pensamento, que se torna fixo em sua mente subconsciente e determina o que acontece em sua vida. Não se engane.

Aqui temos mais de Holliwell:

> Alguns pensam que devemos lidar com duas forças; isto é, para atrair o bem temos que acabar com o mal, mas isso não é verdade. Por exemplo: se estamos com

frio, não trabalhamos com frio e calor para nos aquecermos. Construímos uma fogueira e, à medida que nos colocamos perto desse fogo, desfrutamos do calor que se estende dele e ficamos quentes. À medida que acumulamos calor, o frio desaparece, pois o frio é a ausência de calor. Para sentirmos calor, pensamos inteiramente naquilo que tende a criar calor; ignoramos o frio ao pensar no calor e produzimos calor. Prosperidade e pobreza não são duas coisas, são apenas dois lados da mesma coisa. São apenas um poder, utilizado da forma correta ou não. Não podemos pensar em abundância e depois nos preocupar com as condições desfavoráveis que talvez sejam perceptíveis. Pensamos na abundância e, à medida que pensamos nela, a falta, o seu oposto, será absorvida ou desaparecerá. Todos os nossos pensamentos devem ser direcionados para aquela coisa que desejamos, a fim de que nosso desejo seja realizado. O nosso método consiste em não manipular dois poderes, não lidar com o bem e o mal, o certo e o errado, a prosperidade e a pobreza; em vez disso, ao seguirmos a Lei do Bem e nos debruçarmos sobre o que é bom, vamos produzir todas as coisas boas.

Se quiser mudar os resultados em sua vida – e eu estou trabalhando com a premissa de que você quer –, reflita sobre como está usando sua mente.

Aldous Huxley estava certo ao afirmar: "Há apenas um canto do Universo que você pode ter a certeza de melhorar, e esse é o seu próprio eu".

Tudo o que queremos mudar fora é apenas reflexo do que está acontecendo dentro. Isso pode ser uma grande ideia para você agora, mas não quando a estuda por uma semana ou um mês. O que você ouviu sobre escolher seus pensamentos e sobre os seus pensamentos controlando a sua vida é verdade. Você se torna aquilo em que pensa. Essa é a Lei do Pensamento.

✦

A maneira como você é programado pela genética dita se vai operar predominantemente com base no hemisfério esquerdo ou no direito do cérebro. O hemisfério direito é o lado criativo, que lida com cores, imagens, música, sentimentos; o hemisfério esquerdo é mais linear, analítico e intelectual.

Para começar, somos criados para acreditar que nossas respostas estão no hemisfério esquerdo. Quando crianças, dizíamos a nossos pais: "Eu quero isso". E eles nos respondiam: "Como você vai conseguir?". Nós não sabíamos e ficávamos com a impressão de que não podíamos obter nada. Já mais velhos, ouvíamos deles: "De onde virá o dinheiro?". E, claro, acreditávamos que deveríamos desistir de nosso sonho. É o chamado condicionamento ambiental, que é implacável e, infelizmente, fica programado em nossa mente em uma idade muito precoce. Se queremos algo, mas não vemos de onde o dinheiro virá, estamos programados para crer que devemos desistir.

Por essa razão, a maioria das pessoas não define um objetivos e não consegue ver como alcançá-lo, restringindo-se até ter tudo planejado para, em seguida, concluir: "Ok, acho que posso fazer isso".

Bem, isso não é estabelecer uma meta, mas apontar para algo que você já sabe que pode fazer. Não há inspiração em sair em busca daquilo que pensa que pode fazer. É preciso ir atrás de algo que você *quer.*

Por que definimos uma meta? Você está definindo a meta de conseguir o carro, a casa, o emprego? *Não!* Você está definindo o objetivo para aumentar a sua consciência. Esse é de fato o propósito de um objetivo. É trazer mais de você para a superfície. E quando acontece isso, você aproveita mais tudo o que realiza.

Definir um objetivo que se pode alcançar é como morrer. Não é inspirador, você não receberá muito apoio dos outros e provavelmente vai desistir. Ao definir uma meta que o inspire, porém, não importa se não recebe apoio, você fica ligado. Ela acende algo em seu interior. É assim que se vive!

✦

Quando estiver em busca do que quer, você não vai saber como isso vai acontecer.

Eu tive a sorte de trabalhar com Edmund Hillary – o primeiro homem a chegar ao topo do Monte Everest – em três ocasiões diferentes. A única característica que pude ver de diferente nele foi o seu tamanho. Ele é um homem grande. No entanto, Edmund não sabia como escalar aquela montanha, pois era um apicultor da Nova Zelândia. O que sabia sobre chegar ao topo do monte mais alto do mundo? Ninguém jamais havia realizado esse feito, então ele não podia pegar informações com outra pessoa nem ler sobre o assunto. De fato, havia evidências suficientes para desencorajar 99% da população a tentar. Muitos morreram no trajeto, e os corpos permanecem congelados lá.

Disseram a Edmund que ele não conseguiria. Em 1951, esse apicultor juntou dinheiro, sua equipe e seus guias, e eles foram. E falharam... não chegaram ao topo e tiveram que ir para casa.

Ele ouviu de todos os seus amigos e parentes: "Eu lhe disse que você não conseguiria". Ao que Edmund respondeu: "Bem, nós não fizemos isso, mas vamos fazer".

"Você vai perder a vida. O ar é tão rarefeito lá em cima que você não consegue respirar. Essa é uma tarefa impossível."

Em 1952, porém, ele voltou. E com mais dinheiro e recursos. E falhou novamente. Mas, veja bem, falhar faz parte da vitória. Isso apenas o tornou mais determinado.

Então, em 1953, Edmund conseguiu chegar ao topo do Monte Everest!

E, de lá para cá, mais de mil pessoas fizeram o mesmo. É quase como se dissessem: “Se alguém conseguiu, então acreditamos nisso”.

Edmund acreditou quando ninguém nunca havia acreditado. Como os irmãos Wright saíram do chão? Era possível provar que não podíamos voar, mas eles sabiam que podíamos porque conseguiam ver isso.

Se pode ver, então pode fazer. E como? Bem, você será capaz de dizer isso às pessoas *depois*. Nem tudo está trancado em seu intelecto, mas na fé, na crença de que, se mantiver a ideia na mente, será movido para a vibração que vai atraí-la.

Por isso é preciso entender as leis e sua relação com elas. Saiba que você pode. De onde virá o dinheiro? De onde quer que ele esteja agora! Você vai atraí-lo.

Edmund chegou ao topo da montanha porque acreditava que conseguiria! Ele entendeu como a mente funciona: se visualizasse a imagem do que *queria*, teria sucesso. Aquele homem não se via morrendo, envolto em gelo para sempre. Ele se via em direção ao topo e, depois, descendo. E foi isso que fez!

Você *tem* que se ver chegando ao topo da *sua* montanha. E saiba que tudo de que vai precisar virá à medida que você necessitar. A única maneira de entender isso é compreender a Lei do Pensamento. Não é possível estudá-la demais. Eu tenho estudado todos os dias por mais de 55 anos, e acho que estou apenas começando a pegar o jeito. A parte bonita, porém, é que não há fim para ela.

Pense nisso com relação às metas e à realização delas. Você pode estar lendo um bom romance e, por ser muito bom, não querer que termine. Em contrapartida, você quer sim que aquelas páginas terminem, porque deseja descobrir o fim da história. No entanto, sabe que o fim vai chegar. O mesmo acontece quando está de férias ou jantando com alguém e se divertindo muito. Ou, então, envolvido no que estou ensinando, sabendo que este seminário está chegando ao fim.

Contudo, quando você começa a estudar a si mesmo e o seu potencial, não há fim. Então, por mais de 55 anos, tenho acordado todos os dias pensando que *posso conseguir mais, compreender mais*. Isso me mantém animado, ligado, energizado ao acordar, pois sei que estou lidando com o infinito.

✦

Bem, do que estamos falando? Do seu potencial. Você não sabe o que pode fazer. Ninguém sabe. Eu não me importo com o que você já fez. Veja só como comecei. Eu não era feliz, estava doente, tinha apenas alguns meses de Ensino Médio, não possuía dinheiro ou experiência em negócios. Quero dizer, se é para falar de derrota, eu de fato era um perdedor!

Todas essas coisas, porém, estão no passado e não precisam determinar para onde eu vou. Você não vai descobrir como fazer isso – não até que tenha feito.

E aqui está outro detalhe: depois de ter feito, ainda não saberá como fez, porque há todos os tipos de pequenas coisas fortuitas que acontecem enquanto se está chegando lá, das quais você nem tem consciência.

Imagine que está trabalhando em direção ao seu objetivo. Você sabe que vai chegar lá, mas não sabe como. Há um problema ou desafio em particular testando a sua paciência; você não consegue resolvê-lo, mas pensa nele o tempo todo.

E no supermercado, em uma longa fila para chegar ao caixa, frustrado, alguém bate no seu carrinho de compras. Você se vira para ver o que aconteceu, quando nota a manchete em um tabloide bem na sua frente. E o que quer que estivesse nela, atingiu seu cérebro e desencadeou uma série de pensamentos, fazendo com que a solução para o seu problema aparecesse.

Depois de atingir o objetivo, talvez três meses depois, você pensa: *Se aquela pessoa não tivesse batido no meu carrinho...*

Essa é uma daquelas coisas fortuitas que acontecem para acionar sua mente, direcionando-a para uma frequência diferente. Veja bem, você pensa em frequências. A resposta para o seu problema está em uma frequência mais alta do que onde o problema está. Continue elevando o seu nível de consciência.

Doutor Michael Beckwith disse: "Consciência é estar ciente de que você está ciente". Essa é uma maneira muito bonita de definir isso. Consciência é ser capaz de realmente pensar sobre o que você está pensando.

AULA 11

COMO SABER SE VOCÊ ESTÁ FAZENDO ERRADO

Vivendo em harmonia com as leis universais

Veja o que Thomas Edison disse:

> Eu sei que o mundo é governado por uma inteligência infinita. Tudo o que nos rodeia, tudo o que existe, prova que há infinitas leis por trás disso. Não é possível negar esse fato. Ele é matemático em sua precisão.

Tudo funciona por lei. A lei é exata. Encaro a lei como o *modus operandi* de Deus. É assim que tudo acontece.

Wernher von Braun – eu o citei no filme *O segredo* – afirmou que as leis naturais do Universo são tão precisas que não temos dificuldade em construir naves espaciais, podemos enviar pessoas para a Lua e cronometrar o pouso com a precisão de uma fração de segundo.

O nosso problema é que não trazemos isso para a nossa vida. Não entendemos que o pensamento é energia, nem que as ondas dele são cósmicas e atravessam todo o tempo e o espaço. Nós não compreendemos que o nosso pensamento controla a vibração do nosso corpo e que a vibração em que estamos dita o que atraímos para a nossa vida. E que a mesma coisa ocorre até mudarmos a ideia.

Se você estiver em harmonia com a lei, a sua vida vai continuar melhorando. Se viver de acordo com a lei, vai ganhar mais, se sentirá melhor e se divertirá mais. As coisas só tendem a melhorar; caso contrário, você está violando a lei. Simples assim. Não discuta com isso.

✦

Quando menino, se eu matasse aula, minha irmã ia para casa e contava para minha mãe; então, eu ficava em apuros. Por causa disso, acabei indo para a escola dominical; caso contrário, teria problemas.

E lá estava eu, no porão da igreja, com uma garotinha introvertida que era professora da escola dominical, enquanto os pais cantavam e conversavam no andar de cima. Disseram-me que o preço do pecado é a morte. Eu sempre achei que isso era bastante grave, mas foi o que ouvi, então pensava que deveria ser assim. Também me disseram que tudo era pecado. *Nossa! Será que vou morrer?*

Bem, eu estava muito curioso, então decidi: *Vou tentar.* Eu não só tentei, como fiz e gostei! Eu não morri! E fiz de novo. Eu me senti bem e *não morri.*

O problema era a minha percepção do que estava sendo dito. O meu entendimento era o que estava faltando. O preço do pecado é a morte? Sim, absolutamente. Então, você tem que perguntar: "Bem, espere um minuto... o que é a morte?".

A morte é o oposto da vida. Se vida é crescimento, então morte deve ser um não crescimento. *Não crescimento*: veja, eu vou ser como o dicionário, estou inventando novos termos. Ainda vou escrever um dicionário um dia. Gina, que trabalhou bem próximo a mim por mais de 28 anos, diz que eu sempre soletro as palavras de forma diferente. De qualquer forma, a lei básica da vida é criar ou desintegrar. Desintegrar não significa que você vai apenas... *vrumm...* desaparecer. Quer dizer que ou você está indo em frente ou está voltando.

Violar a lei é um pecado. Faça isso e você perderá; entre em harmonia com a lei e você ganhará. Faz sentido?

✦

A lei afirma: dê e você receberá. Quando você aperta a mão de outra pessoa, apenas estende a sua e recebe uma de volta.

É assim que funciona. Quando você faz o bem, recebe o bem. Essa é a lei.

Ao contrário, se eu sair, tentar e *conseguir*, isso não vai funcionar. Se numa venda eu digo: "Quero ajudá-lo", mas estou pensando: *Quero algum dinheiro, por isso espero fazer a venda*, a lei está sendo violada. Estou enviando a ideia em um nível consciente de que *quero ajudar* – portanto, é positiva intelectualmente –, mas no coração *eu quero dinheiro*. O sentimento que a pessoa capta é: "Eu quero que você me ajude". O que acontece? Crio um conflito na mente dela: ideia positiva em um nível consciente; ideia negativa no subconsciente. Ela não entende o que está captando emocionalmente, mas ainda está captando, e isso a afeta. Para fechar uma venda, você precisa fazer com que o outro escreva o nome dele em uma linha: é o chamado comportamento ordenado. Você nunca vai obter um comportamento ordenado de uma mente em conflito.

No entanto, se eu digo: "Quero ajudá-lo", e estou emocionalmente envolvido com isso, não preciso me preocupar em fechar a venda – que será a conclusão natural de uma apresentação muito boa. Apaixone-se por ajudar as pessoas. A quantidade de dinheiro que você ganha tem sempre relação direta com o quanto de serviço você presta. Tudo isso está em harmonia com a lei.

✦

Wallace Wattles, autor de *A ciência de ficar rico*, dedicou um capítulo inteiro à Lei do Aumento Perpétuo. Se você estiver seguindo de acordo com a lei, os seus resultados vão continuar melhorando. Progresso. Crescimento. Quando um bem é realizado, vai se desenvolver outro desejo por um bem maior, que depois seguirá para um estado mais elevado. Veja bem, outro e mais glorioso estado se desdobrará, e sua visão vai encorajá-lo a continuar. Assim, você descobrirá que a vida que avança é a verdadeira, aquela que Deus pretendia que você vivesse. E ela deve continuar a melhorar.

Se os seus resultados não melhoram, você está violando a lei e vai perder. Ou você ou sua empresa está morrendo. É assim que funciona. Suas vendas estão caindo, menos dinheiro está entrando, você não se sente bem, não tem energia, está desgastado.

Isso deveria ser um sinal de alerta. Você deveria pensar: *Espere um minuto! O que aconteceu comigo? Devo estar violando a lei.* Apenas pense em ajudar as pessoas. Tenha uma grande ideia em sua mente. Comece a criar. Sinta-se bem.

✦

Quando eu era menino, a minha avó praticamente me criou. Sempre pensamos que ela era como Deus. Era uma senhorinha querida, mas não tinha as ideias certas. E costumava dizer: "Você deve estar satisfeito com o que tem, querido".

Vovó estava errada! Você deve estar feliz com o que tem, mas nunca satisfeito.

A insatisfação é um estado criativo, é o que nos mantém em busca do que queremos. O que diz a lei? Maior, melhor, mais rápido. Por isso, os corredores querem correr mais rápido; os saltadores querem saltar mais alto; os cantores querem cantar melhor; as pessoas que estão ganhando dinheiro querem ganhar mais. O objetivo é conseguir algo? Não! A meta é crescer. Obter é bom, mas quanto maior o objetivo, mais vivo você se tornará. É bem básico.

✦

Você é um ser espiritual vivendo em um corpo físico, que é apenas a manifestação de um lado superior seu.

Onde está o espírito? Ele é onipresente. Bem, o que isso significa? O espírito está em toda parte: nesta tribuna aqui, na plataforma, no computador, no ar.

Agora realmente ficou confuso? Você dirá que o espírito não está na pedra do jardim. Bem, espere um minuto... O espírito está em toda parte, exceto em uma pedra de jardim! Hum... O espírito está em uma árvore? O espírito é onipresente, exceto em uma pedra de jardim ou em uma árvore! Hum... O espírito está no pneu do meu carro? Não, não! Não no pneu de um carro! O espírito está em toda parte, exceto em uma pedra de jardim, uma árvore e nos pneus do meu carro! Espere um minuto... Se está em todos os lugares, está em todos os lugares.

Percebe como as pessoas ficam confusas? Você sabe que devemos pensar em outra coisa, mas, em vez disso, ligamos a televisão e nos perdemos no mundo do outro.

O pneu do carro, a árvore e a pedra do jardim são compostos das mesmas coisas que formam seu corpo. A pedra do jardim está se movendo. Tudo se move. Vivemos em um oceano de movimento; nada está parado. Aquele muro está se movendo; parece parado, mas na verdade não está. Um corpo em um caixão está se movendo; caso contrário, como vai se transformar em pó? Se você observar restos mortais através de um microscópio, verá que eles seguem em movimento, dançando bem diante de seus olhos. Nada é criado ou destruído. Isso apenas postula a teoria da vida. A morte não existe. Você se moveu para o seu corpo e vai se mover para fora dele. Tanto a vida quanto a morte são transições e partes da mesma grande aventura.

Você quer saber a diferença entre nós e as outras criaturas na Terra? Somos seres criativos, criados à imagem de Deus, e podemos fazer com que o espírito se mova da maneira que bem entendermos.

No entanto, sabe o que aconteceu? Nós invertemos a equação: criamos Deus à nossa imagem e agora estamos tentando descobrir como *Ele* – e não *Ela* – pode ser onipresente. Consegue ver para onde isso vai? Vai pelo caminho errado.

Por quê? Porque somos ignorantes. Nós simplesmente não entendemos, mas podemos estudar. Tudo o que você estuda em sua religião, você descobrirá que é verdade. O nosso problema é com a nossa *percepção*. Você e eu somos seres espirituais. Vivemos em um corpo físico. No entanto, ao contrário do resto do reino animal, foi-nos dado um intelecto. Recebemos habilidades intelectuais que nenhuma outra forma de vida tem. É o modo como usamos essas habilidades intelectuais que dita o nosso estado emocional.

O que é estado emocional? É como nos sentimos; trata-se da vibração em que estamos, ou seja, o nosso estado emocional. Sentir é a consciência da vibração em que estamos. Quando afirma não estar se sentindo bem, o que você está realmente dizendo é: "Estou consciente de que não estou em uma boa vibração". E se eu lhe pergunto qual é o problema, você me responde: "Bem, é a maneira como ele está agindo". Aaah. Você está deixando que as ações dele controlem os seus sentimentos. Por que faria isso? "Você não sabe como é. Se conhecesse os problemas financeiros que eu tenho, entenderia a razão de eu estar chateado."

Por que você ficaria chateado com as finanças? Qual é o sentido disso? E por que ficaria chateado com qualquer coisa? Porque você não olha apenas para o que está acontecendo. As coisas são o que são, então as aceite. Ou elas vão controlá-lo ou você vai controlá-las.

✦

Eis aqui algo que todos precisam entender. Nós conhecemos pessoas que estão trabalhando no desenvolvimento pessoal. Elas têm uma grande biblioteca, participam de um monte de seminários, mas não fazem acontecer. E estão intrigadas com o seguinte: "Como faço para ganhar algum dinheiro?".

Quantos aqui pensam o mesmo? Seja honesto. Levante a mão. Fique de pé. Muitos de vocês. Obrigado. Eu faço isso para que você possa reconhecer isso em si mesmo. Em *Quem pensa enriquece*, Napoleon Hill diz:

> Se você é um daqueles que acreditam que o trabalho duro e a honestidade por si só trarão riquezas, abandone esse pensamento! Isso não é verdade! As riquezas, quando vêm em grandes quantidades, nunca são o resultado de um trabalho árduo sozinho! Elas vêm em resposta a demandas definidas baseadas na aplicação de princípios definidos. Não por acaso ou sorte.

De quem você vai exigir? De Deus ou de outra pessoa? A citação diz: "As riquezas vêm em resposta a demandas definidas baseadas na aplicação de princípios definidos. Não por acaso ou sorte". Então, a demanda teria que ser sobre você. *Exija* isso de si mesmo e, então, siga as regras. Trabalhe com a lei.

Você poderia simplesmente pular essa parte, mas há uma Lei de Compensação absoluta.

Em certo momento durante nossos seminários, quando citamos Don Shula, o grande treinador de futebol americano, distribuímos um cartão com os seguintes dizeres dele: "O começo é o que faz a maioria das pessoas parar".

Não é difícil de entender. Isso é ser honesto consigo mesmo. A maioria não exige isso de si mesma. E você tem que exigir e aplicar isso.

A Lei de Compensação afirma claramente que a quantidade de dinheiro que você ganha *sempre* – não em parte do tempo, não apenas na Rússia ou nos Estados Unidos –, em todos os lugares e em todos os momentos, estará na proporção exata destes três pontos: (1) a necessidade do que você faz, (2) a sua capacidade de fazê-lo, e (3) a dificuldade para substituí-lo.

Acredito que o que fazemos no Proctor Gallagher Institute tem uma demanda muito alta em todo o planeta. Eu tenho US$ 40 comigo. Você poderia me colocar em um avião para qualquer lugar com apenas esses US$ 40, e garanto que começaria a multiplicá-lo imediatamente. Porque sei que o que eu sei fazer tem boa demanda no mundo todo. Nunca fui a um lugar onde isso não tivesse procura.

Em Xangai, foi necessário que cerca de vinte pessoas andassem de mãos dadas ao nosso redor, porque todos tentavam chegar até mim. Sabiam que eu tinha algo que eles queriam. Acho que pensaram que, se chegassem perto o suficiente, conseguiriam obtê-lo. Não é assim que funciona. A questão é que já está em você!

Você sempre é capaz de dizer o nível de compreensão de alguém por meio dos resultados dessa pessoa. Se não existem, ela não sabe que isso ocorre por não viver em harmonia com a lei. Eu não me importo com o tipo de história que lhe contam. Eles não sabem! E, infelizmente, na maioria dos casos, não sabem que não sabem.

Isso é algo em que todos nesta sala estão interessados. A quantidade de dinheiro que você ganha é exatamente proporcional à necessidade do que você faz.

Eu não sabia disso quando entrei neste negócio. Não entrei nele por causa disso, mas sim porque o amei! Nunca me cansei dele e ainda não me canso! É como se eu estivesse faminto por isso desde o primeiro dia em que ouvi a gravação de Earl Nightingale. *Jamais* ouvi alguém como ele.

Sei que não há limite para o valor que posso ganhar. E sei que a única maneira de aumentar minha renda é entender isso melhor. O truque não está no marketing ou na sua apresentação de vendas, mas em seu entendimento. Se o entendimento não estiver lá, você não vai ganhar mais dinheiro.

É por isso que Salomão disse: "[...] use tudo que você possui para adquirir entendimento". Só há uma maneira de obter compreensão: por meio do estudo. Não há outro caminho.

Existem muitas formas de estudo, mas você tem que estudar! O conhecimento é onipresente. Todo o conhecimento que existe ou existirá está em toda parte o tempo todo. Está em todos os lugares ao mesmo tempo.

O seu computador sempre esteve aqui. Ele não chegou apenas com Steve Jobs ou Bill Gates. Ele *sempre* esteve aqui! Só não estávamos cientes disso. Edison tornou-se consciente de que havia magia no ar e de que ele poderia engarrafá-la, dirigi-la e aproveitá-la. As Cataratas do Niágara estão lá há um bom tempo, mas precisaram ser canalizadas para fornecer energia.

Entenda: a quantidade de dinheiro que você ganha é exatamente proporcional à necessidade do que você faz. Vejo pessoas que voltam para cá repetidas vezes, pois fazem um pequeno progresso e pensam que conseguiram. E eu acho que nunca conseguimos, mas que estamos sempre conseguindo.

Aos 87 anos, Michelangelo disse: "Ainda estou aprendendo". Você tem que continuar aprendendo.

✦

O nosso sistema educacional e os nossos programas de treinamento corporativo são incompletos. Falta alguma coisa neles. Digo isso porque 3% da população estão ganhando 97% do dinheiro. Algo está errado! É por isso que sempre haverá uma demanda muito alta pelo que eu faço.

Eu tenho uma opinião, e acho que nunca vou abandoná-la: acredito que, se um programa que você está estudando não tem uma base espiritual, ele está incompleto. Se estiver incompleto, você não vai ganhar.

Eu não ensino religião. Não estou qualificado para isso, mas sei algo sobre o lado espiritual de nossa vida: sua essência é o espírito, e o espírito é sempre para a expansão; nunca para a desintegração. É sempre para o crescimento. Algo em você quer crescer.

Então, o que quer que esteja fazendo, você vai querer fazer melhor. Se estiver correndo, vai querer correr mais rápido; se cantar, vai querer cantar melhor; se vender, vai querer vender mais; se pular, vai querer pular mais alto. Está em sua natureza crescer e expandir.

✦

A segunda parte da Lei de Compensação é que a quantidade de dinheiro que você ganha sempre será exatamente proporcional à sua capacidade de fazê-lo.

Eu me tornei muito bom nisso, mas sei que ainda posso melhorar. E, como sou muito bom, sou difícil de substituir, que é a terceira parte da lei. Mas *posso* ser substituído. Não existe essa coisa de ser indispensável.

Um grande poema de Saxon White Kessinger, chamado "O homem indispensável", diz o seguinte:

Pegue um balde e encha-o com água,
Coloque a mão nele até o pulso,
Puxe-a para fora e o buraco que fica
É a medida de quanto você vai fazer falta.
Você pode espirrar água tanto quanto desejar,
Você pode agitar a abundância de água,
Mas pare, e você descobrirá que em pouco tempo
Tudo parecerá exatamente como antes.

Ninguém é indispensável. Se uma pessoa pensa que é, o ego dela está assumindo o controle, e ela segue na direção errada.

Esses são os princípios básicos. Temos que entender onde está o poder. Ele está na essência espiritual de quem somos. E contanto que reconheçamos e estudemos isso, e comecemos a ser um instrumento melhor para que ele flua, nossos resultados vão melhorar. Melhore o que está fazendo.

Napoleon Hill disse: "Não vá em busca de oportunidades, mas estenda a mão e aproveite onde você está".

Bem, se pensar nisso por um momento, se a necessidade estiver lá e se você for difícil de substituir porque é bom o suficiente, o truque é continuar melhorando. Então, a única parte da Lei da Compensação em que você tem que se concentrar é a segunda: sua capacidade de fazer o trabalho. Apenas continue melhorando e entenda que você sempre pode melhorar.

Vemos isso todos os dias, principalmente no esporte. Os recordes continuam a ser quebrados. Durante anos, as pessoas pensaram que o homem não podia correr uma milha mais rápido; por isso, deixavam os animais selvagens persegui-las. Roger Bannister dividiu a distância em pequenas partes e correu uma milha em menos de quatro minutos. Dentro de um mês, porém, alguém quebrou seu recorde. E agora, na Maratona de Boston, os participantes estão correndo uma milha em cinco minutos, e fazendo isso 26 vezes! Até pouco tempo atrás, não era possível conceber algo assim.

AULA 12

O ÚNICO LIMITE DO PODER

Explorando a abundância do Universo

Você tem que entender que o Universo é abundante. Meu Deus! Upanixades, a escrita mais antiga que existe, diz: "Da abundância ele tomou abundância, e ainda assim a abundância permanece".

"Bem, como se faz isso?", você vai me perguntar.

Respire fundo. Vamos lá, inspire. Segure. Fique assim pelo resto do dia. Viu só? Você não pensaria em fazer isso.

"Da abundância ele tomou abundância, e ainda assim a abundância permanece."

"Isso é diferente", você vai observar. Não. É a mesma coisa.

Tudo funciona pela mesma lei. Todo o sucesso na vida ocorre devido ao fato de escolhermos seguir a lei dentro de nós; assim, trabalhar com a lei pode ser considerado o mesmo que levá-la para nossa vida e mente, tal qual um parceiro silencioso.

Você poderia estar fazendo justiça com as próprias mãos, trabalhando em harmonia com a lei.

Faz sentido, não faz? Como seguir em frente? Bem, você tem que se ver lá primeiro, agindo como se já estivesse lá.

Onde isso acontece? No intelecto. Se tenho uma ideia em minha consciência, posso compartilhá-la com você e sua consciência, não posso? Não preciso obtê-la se eu a tenho. Se a tenho, eu tenho; e, se a tenho, posso falar com você sobre ela.

Então, se tenho uma ideia intelectualmente, posso compartilhá-la com você da mesma forma. O meu intelecto poderia dividi-la com o seu intelecto em um nível consciente; não preciso tê-la aqui no plano físico. Eu poderia lhe falar sobre muitas quantias em dinheiro; se me envolvesse emocionalmente com essa ideia, compartilharia tais emoções com você.

Horácio disse o seguinte 67 anos antes da vida de Cristo: *"Nemo dat quod non habet"*. Traduzido livremente, isso significa: "Você não pode dar o que não tem". O oposto disso, porém, é que você pode dar o que tem. Se eu tenho algo intelectualmente, posso compartilhá-lo com você da mesma forma; e isso também acontece se possuo algo em âmbito emocional. A única coisa que não me é possível é apreciá-lo ou compartilhá-lo com você no plano físico.

E é aí que está o problema: vivemos por nossos sentidos físicos; se não estiverem no físico, dizemos: "Bem, eu não tenho!". Ah, sim, nós temos e conseguimos falar sobre isso, senti-lo, apesar de ainda não ter se manifestado em forma. E de onde vem? Do não físico. Trabalhamos de um potencial superior para um inferior.

Alguém aqui é engenheiro? Temos um engenheiro eletricista na plateia? Deve haver um. Bem, se estou trabalhando com eletricidade, tenho que partir de uma potência maior para uma menor, não é? Se eu tentar ir contra isso, estarei em apuros, concorda? O único limite de eletricidade é aquele colocado na forma por meio da qual ela flui. (Bob diz isso e aponta para uma lâmpada.) Chamamos isso de eletricidade, mas na verdade não é. Trata-se de uma expressão de eletricidade, certo? Bem, o único limite da eletricidade é o limite da forma pela qual ela está fluindo. Uma lâmpada de 75 watts tem mais potência do que uma de 60 watts. E uma de 100 watts tem ainda mais potência, correto?

Bem, o único limite do poder *espiritual* é a forma pela qual ele está fluindo: *você*. Construa uma ideia maior e experimentará uma expressão maior do poder. Se vir alguém andando por aí, sem rumo, sem energia, saiba que ele não tem uma ideia muito grande. O que você precisa fazer é observar uma pessoa; isso lhe dirá o que está acontecendo na mente dela, pois o corpo é o instrumento da mente. Se um indivíduo aparenta estar letárgico, você sabe que está entediado e que não tem nada além de ideias ruins – se é que tem pensado em algo!

E a maioria das pessoas nem está pensando, são apenas brinquedos para o que se passa ao redor. São como uma rolha no oceano, saltando para todo lado. Quem está pensando sabe exatamente para onde vai e usa suas habilidades superiores: razão, vontade, intuição, percepção, memória e imaginação.

✦

Olhe para o *espírito*. Onde ele está? É onipresente. Observe as linhas de uma folha de papel pautado e deixe que representem níveis de vibração, conhecidos como frequências. Tudo opera por lei, e uma delas é a Lei da Vibração. Se o espírito é a parte mais elevada da nossa personalidade, qual é a mais baixa? O físico. E o que está bem no meio? O intelecto. Isso é o que nos torna diferentes de qualquer outra forma de vida. Por meio do intelecto, chegamos a um nível mais alto e mudamos as coisas em um nível mais baixo.

Temos que entender o seguinte: assim como as cores de um arco-íris, cada frequência está conectada à de cima e à de baixo. Não há linha de demarcação. Estamos atrelados a tudo no Universo. Nossa mente maravilhosa pode acessar o nível mais elevado, o espiritual. Cada linha da página está conectada à de cima e à de baixo. Concentre-se no não físico; veja o que você quer, veja a si mesmo nisso.

Mas nós não fazemos assim, não é? Vamos para o nível mais baixo. Olhamos a conta bancária para saber nossa situação financeira, ou o computador para conferir nossos resultados. E para quê? Assim somos ensinados; dessa forma, sabemos onde estamos. Eu me pergunto se nos orientaram de maneira errada. Você diz: "Bem, eles não podem estar errados". Por quê? Sempre estiveram!

Se vir um grande grupo de pessoas indo para um lado e apenas algumas em direção ao outro, siga este último. Você provavelmente nunca cometerá outro erro enquanto viver. Se for atrás das massas, vai se meter em confusão. Por quê? Porque as massas não têm ideia de para onde estão indo. Elas precisam assistir às notícias para saber que dia é; olham pela janela e concluem: "Ai, ai... Hoje o trânsito vai estar ruim". Por que não encarar isso de forma diferente? "Bem, não teremos que dirigir tão rápido, o que nos dará a oportunidade de pensar. Podemos desfrutar do nosso passeio." Essa é uma maneira muito boba de se pensar, não é? Vamos fazer o de sempre e ficar chateados. Sim, vamos entrar no carro e nos aborrecer; iremos rápido, depois devagar; bateremos no idiota da frente; nosso carro ficará todo amassado. Você sabe como é.

E então você diz: "Se é tão simples, por que não estão todos fazendo isso?". Essa é uma pergunta muito boa. Vamos olhar para isso de uma maneira diferente.

AULA 13

DANCE ATÉ CHOVER

Transformando seus pensamentos em coisas

Por que você não age como a pessoa que você quer se tornar, como a estrela que realmente é? Porque tem medo do que *os outros* pensam.

Sabe quando isso começou? Quando era apenas uma criança e lhe disseram: "O que os vizinhos vão pensar?". Quem se importa?! Descobri o que os vizinhos pensam: eles não pensam! Pare de se preocupar com isso! Aja como a pessoa que você quer se tornar.

Você é a descendência de uma alma imortal. Grave isso em sua mente! Há um poder onisciente e onipresente. Você é uma expressão dele. É *muito* importante entender isso. Aonde você realmente quer ir?

Ralph Waldo Emerson disse: "Não haveria planeta, sol ou estrela capaz de segurá-lo, se você soubesse o que você é". Grave isso com ferro em brasa em sua mente.

✦

O que dita a vibração em que o corpo se move é aquilo com que alimentamos nossa mente subconsciente, que também é a mente emocional. Sendo o corpo o instrumento da mente, a vibração dita o que atraímos para a vida. Se operarmos uma grande ideia – por exemplo, nos virmos realizando um negócio muito bem-sucedido – e mantivermos essa imagem, vamos atrair pessoas que farão isso acontecer.

No entanto, se deixarmos uma empresa nos controlar e reclamarmos de nossos colegas ou tarefas, vamos repelir qualquer um que esteja no caminho. Resultado: atrairemos mais problemas.

Então, veja o que você quer. Mantenha a imagem de si mesmo lá e mude sua vibração.

Conheço uma bela história sobre uma tribo na África que pratica a dança da chuva. Muitas tribos naquele continente fazem o mesmo, mas essa é diferente: toda vez que dançam, chove!

Antropólogos, então, foram estudar essas pessoas para descobrir por que isso acontece.

E quer saber o que descobriram? Que a tribo dançava *até* chover. *Ahhh.*

Toda vez que eu saio, faço uma venda. Como? Fico fora até concluir a venda! *Ahhh.* Isso não é nada complicado. É simples.

✦

Imagine-se colocando água em um copo. De onde veio a água? Do *nada*, do espírito. Do que ela é feita? De energia. E do que é feito o vidro? De energia. O vidro costumava ser areia, mas nós alteramos a taxa vibratória da energia que chamamos de areia e a transformamos em vidro.

Temos então uma areia cheia de água? Bem, não. Nós o chamamos de vidro agora: copo cheio de água; energia cheia de água. E para onde vai a água? Se adicionarmos calor, ela se transforma em vapor, e este vira ar, éter ou gás.

Não há, portanto, linha de demarcação em que pare de se tornar uma coisa e comece a ser outra. Está tudo conectado.

Se você simplificar essa ideia, não tem como não entender. Veja bem, trata-se de frequências diferentes. E cada linha está conectada à de cima e à de baixo.

"Aonde está querendo chegar com isso?", você pode me perguntar. Para onde quer que eu vá? Eu sei: para o nosso pensamento.

Aqui estamos nós. Temos o espírito, o intelecto e o físico. Agora, vamos ativar nossas habilidades intelectuais. Você sabe quais são as suas? Nós as mencionamos antes. Uma delas é a razão, que nos fornece a capacidade de pensar. Então, vamos ativar nosso fator de raciocínio e acessar um nível mais alto. Onde está o pensamento? Ele é onipresente. E onde está o espírito? Também é onipresente. Então, acessamos nossa essência espiritual, reunimos nossos pensamentos e construímos uma ideia.

Este hotel não foi nada além de uma ideia. Se mantivermos uma ideia por tempo suficiente, ela vai ganhar forma. É o que Andrew Carnegie afirmou: "Qualquer ideia que seja mantida na mente, que seja enfatizada, temida ou reverenciada, começará a se vestir da maneira mais conveniente e apropriada disponível". Veja bem, tudo o que estamos fazendo é trabalhar com a lei, a energia, o poder, o espírito.

Temos a capacidade de ser, fazer ou ter o que quisermos. Eu não me importo com o seu passado. Você teve alguma experiência traumática? Não importa. Deixe para trás! Sintonize-se no nível subconsciente. Diga: "Uau, estou cercado de poder! Está fluindo para e através de mim!".

Isso é legal. Conseguimos *pensar*! Obrigado, Deus! *Acho* que sou rico... e fiquei rico. *Acho* que estou feliz... e fiquei feliz. Como você se torna feliz? Ajudando os outros a serem felizes. Como você se torna amado? Amando os outros. Isso é bem simples.

ALGUÉM NA PLATEIA: Eu tenho uma pergunta. Como posso atrair a ideia perfeita para mim mesmo a partir do espírito?

BOB: Bem, a "ideia perfeita" é aquela pela qual você está apaixonado.

Se você ama alguém, atraiu o indivíduo perfeito, não é? Mas e se uma pessoa diz: "Você ama esse frango? Qual é o seu problema?". Trata-se de uma questão de percepção. A ideia perfeita é aquela com a qual você está emocionalmente envolvido.

Você sabe o que é o amor? Amor é ressonância. É quando o consciente, o subconsciente e o corpo estão todos apaixonados por uma ideia. Ele também é chamado de integridade. Os seus pensamentos, sentimentos e ações estão todos alinhados. Então, você só tem que se perguntar: "O que eu realmente amo fazer?".

AULA 14

A ÚNICA FONTE DE SUPRIMENTO

Descubra todos os segredos do sucesso

Você sabe o que é orar? Não é ficar de joelhos e pedir: "Deus, me ajude". Isso é fazer barulho ajoelhado. Orar é o movimento que ocorre entre o espírito e a forma conosco e através de nós. Nós acessamos o não físico e criamos o físico.

Não precisa se perguntar de onde ele virá. Há apenas uma fonte de suprimento. Se você acha que outras pessoas são sua fonte, provavelmente vai desacelerar. Perceba que existe apenas uma fonte de suprimento: o infinito. Eu a chamo de Deus. Denomine-a como quiser: pode ser inteligência universal, Alá... Eleve seu nível de consciência até que você seja um com ela. Então, apenas execute a magia.

Há um poder. Toda religião que vem mantendo o seu equilíbrio durante qualquer período o fez com base no apelo emocional da promessa futura de que um dia você vai se tornar um com seu Deus. Você pode fazer qualquer coisa – até abrir o mar –, porque está trabalhando em harmonia com a lei.

Pessoas de todo o mundo vêm para as minhas aulas. São indivíduos de Israel, da América do Sul, da Austrália, de toda a Europa e de toda a América do Norte. Viajam toda essa distância. Sabe por quê? Elas querem mais disso. Por que querem mais? Porque estão em uma vibração harmoniosa com a essência de quem elas são.

✦

Em *Working with the Law* (Trabalhando com a lei), Raymond Holliwell afirma:

> Todos os processos da natureza são bem-sucedidos. A natureza não conhece falhas. Ela nunca planeja nada além do sucesso. Ela visa resultados de todas as formas e maneiras. Para ter sucesso no melhor e mais pleno sentido do termo, devemos, tendo a Natureza como nosso modelo, copiar os métodos dela. Em seus princípios e suas leis descobriremos todos os segredos do sucesso.

Tenha em mente que tudo neste Universo, tanto o que você pode ver a olho nu como o que não pode, é uma expressão do espírito. Também saiba que o espírito opera por leis exatas, às quais você está sujeito da mesma maneira que a natureza. Portanto, Holliwell está certo: devemos copiar os métodos da natureza.

Veja bem, este é um Universo ordenado. Nada acontece por acaso. As imagens que você planta em sua mente maravilhosa criam uma força atraente que governa seus resultados na vida. No entanto, esse processo é tão eficaz com imagens positivas quanto com as negativas.

Embora seja verdade que tudo o que você vai querer já está aqui – se não em forma, em substância –, cabe a você entrar em harmonia com isso. Uma vez que, por lei, você atrai tudo para sua vida, seria um movimento sábio de sua parte começar a criar o hábito de pensar apenas no que quer, independentemente das condições ou circunstâncias que possa estar enfrentando.

AULA 15

O GRÁFICO MÁGICO

Mapeando sua mente

Vamos supor que eu peça a todos aqui para me ajudarem a mudar a configuração desta sala, sem falar com ninguém, e vocês concordem. Não podem falar. "Vamos começar."

Finalmente, alguém lhe diria: "O que ele quer que façamos?". Você falaria: "Não sei, pergunte a ele". "E por que não você?!", seu interlocutor diria. "Eu não posso falar", seria a sua resposta.

Teríamos o caos aqui. Sabe por quê? Porque ninguém tem uma perspectiva. No entanto, da confusão surge a ordem, que é um grau acima daquele que existia antes da confusão.

E se eu dissesse: "Vou fazer daquela parte a frente da sala, e daqui a parte de trás da sala"? Em poucos segundos teríamos ordem, não é? Por quê? Porque todo mundo estaria operando com a mesma perspectiva.

Percebe que há pessoas indo trabalhar sem perspectiva? Elas não sabem para o que estão trabalhando, qual caminho seguir nem se devem falar com alguém. Talvez devam ligar a televisão e se perder no mundo de outra pessoa até concluir algo. Por algum tempo, assistem a um programa de TV em que os participantes têm de adivinhar o preço correto de determinados produtos para ganhar prêmios. A mente delas está em um estado de confusão total. É preciso ter ordem.

BOB: Como é o seu carro? De que cor é?

JIM: É cinza.

BOB: De que cor é a sua geladeira?

JIM: É prata.

BOB: De que cor é a sua mente?

JIM: De muitas cores.

BOB: Hmmm. Ela é grande ou pequena?

JIM: Às vezes é grande; às vezes é pequena.

BOB: *A sua* é grande? É maior do que uma caixa de sapato?

KAREN: Sim.

BOB: De que cor ela é?

KAREN: De todas as cores.

BOB: Qual é o tamanho dela?

KAREN: É grande.

BOB: De que tamanho é isso?

Há um problema aqui, não é mesmo? Ninguém nunca viu como a mente é.

Doutor Thurman Fleet, em San Antonio, Texas, entendeu isso em 1934 e decidiu que daria ordem à mente. Ele criou uma ilustração gráfica da mente ao afirmar: "Nós nunca a vimos, então que isto a represente. E lá está o corpo".

Este é o gráfico básico:

Isso é um espírito. Esse é o gráfico mais valioso que eu já vi.

Vamos observar o espírito mais detalhadamente por meio do seguinte gráfico:

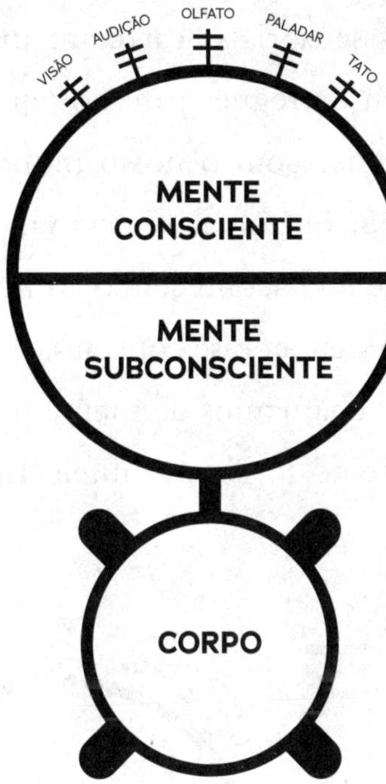

Aqui temos a mente e o corpo, mas dividimos o gráfico da mente em duas partes: a mente consciente e a mente subconsciente. Há também fatores sensoriais – podemos ver, ouvir, cheirar, provar e tocar. Fomos programados para viver por meio desses sentidos. Quando crianças, nos dizem: "Você poderia ouvir o que eu estou lhe dizendo? Pode olhar para cá?". Esses sentidos são como pequenas antenas, e nós nos tornamos brinquedos de tudo o que está acontecendo lá fora. Aceitamos ser controlados pela conta bancária, pelo que as pessoas falam, pelo que achamos que elas pensam e pela nossa percepção do que pensam de nós. Usamos nossos fatores sensoriais; há, portanto, foco total no estímulo externo.

E esses fatores sensoriais acarretam muitos problemas, apesar de nos serem entregues para nos ajudar a nos comunicar e a corresponder com o nosso mundo exterior. Não devemos deixar que controlem a nossa vida. Não queremos ficar sujeitos ao que está acontecendo ao nosso redor.

Agora vamos entender esse conceito. A mente consciente é também o que chamamos de mente intelectual. Vamos observar novamente nossos fatores intelectuais, por meio do gráfico a seguir:

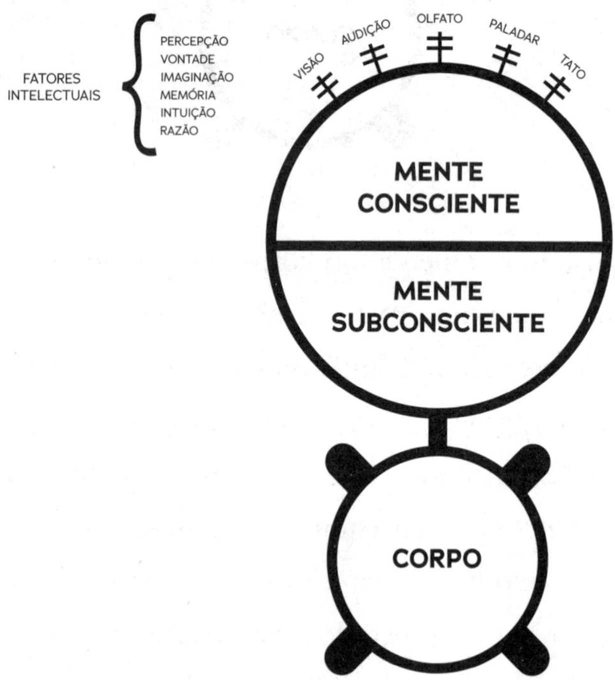

Você tem **percepção**, que é um fator intelectual. Sabemos que o mundo é redondo, mas costumávamos pensar que era plano. O que mudamos? A nossa percepção. O mundo não mudou; é o mesmo de então, sempre foi redondo. Foi a nossa percepção do mundo que mudou.

A minha percepção do mundo – o meu mundo, no qual vivo – e a minha capacidade de ganhar dinheiro mudaram para mim. Sempre tive a capacidade de ganhar dinheiro, mesmo quando estava lutando e não ganhava nada. Por que não estava ganhando dinheiro? Porque achava que não podia. A verdade era que eu não estava pensando, mas deixando o mundo exterior me controlar. A sua percepção é a sua realidade. Você pode mudar a percepção do negócio em que está, então mude a percepção de como opera seus negócios.

Você e eu estávamos falando sobre isso, Dan, quando eu lhe disse que mudasse a sua percepção do que está fazendo para, provavelmente, ter mais sucesso e ganhar muito mais dinheiro.

A **vontade** é outra faculdade intelectual. Bruce, diretor de uma escola, veio a um seminário, e eu lhe disse: "Transforme sua renda anual em uma renda mensal". Então, o que ele fez? Transformou a renda anual dele em sua renda mensal. E se chocou com o que poderia ganhar. Você ficará surpreso com o que você pode fazer quando tiver a vontade.

Quando o doutor Wernher von Braun foi questionado pelo presidente Kennedy sobre o que seria necessário para construir um foguete e levar o homem à Lua, ele respondeu com apenas cinco palavras: "A vontade para fazer isso". Não disse que seria necessário reunir os melhores cientistas do mundo e colocá-los para pensar.

O que você precisa para chegar aonde quer? Bem, em primeiro lugar, para onde você quer ir? Precisa de vontade para isso. Você sabe para onde quer ir, Linda? Tem certeza? Isto é tudo de que você precisa: vontade. Você sabe para onde quer ir, Michelle? Você realmente sabe. Isto é tudo de que precisa: vontade. Você sabe para onde quer ir, Mike? Não sabe. Bem, provavelmente não vai a lugar nenhum então. Mas é isso que é preciso.

O que é a vontade? É uma habilidade mental que lhe dá a capacidade de se concentrar. Você toma esse poder fluindo em sua consciência – se pudesse vê-lo, ele seria como um funil fluindo para o topo de sua cabeça – e o transforma em uma imagem.

Vamos pensar sobre isso por um minuto. Se eu me levantar, pendurar uma placa naquela parede, apagar todas as luzes, acender uma vela e tentar, a distância, ler o conteúdo da placa, não vou conseguir. Não é que não haverá luz suficiente vindo da vela; é que ela não será direcionada para a imagem. Parte dela irá para lá, e a outra parte virá sobre mim.

Bem, se eu pegasse a mesma energia da vela e a colocasse em uma lanterna, nada disso seria desperdiçado. Eu reuniria essa energia e a concentraria em um ponto. Isso é o que acontece com sua mente quando você organiza a energia que está fluindo para sua consciência. A vontade lhe dá a capacidade de se concentrar em uma imagem com a exclusão de todas as distrações externas.

Se eu estiver atrás de você em um shopping, te olhando, você vai sentir, não é? Se o meu olhar for forte, vai *realmente* senti-lo. E terá uma sensação muito desconfortável. O que acontece nesse caso? Eu o estou encarando, mesmo que pelas suas costas. Tenho uma ideia – que é você – na tela da minha mente. E envio essa energia, que é quase como o disparo de um rifle em seu cérebro. Isso causa uma sensação desconfortável. Você vai se virar e vai me ver, e eu vou me afastar. O sentimento é a consciência da vibração.

Sabe o que a ideia ou a imagem que você criou em sua mente faz? Organiza a energia, aumenta a amplitude da vibração. E o fluxo de energia que vem de você é aumentado drasticamente, tornando-se muito mais poderoso.

A vontade para fazer algo foi o que nos levou à Lua e a fazer tudo o que estamos fazendo. A vontade nos dá poder.

Você também tem a sua maravilhosa imaginação. É criminosa a maneira como a tratamos e como fomos ensinados a fazer isso. Por que temos corporações enormes e departamentos criativos pequenos e fracos? Por que conversamos sobre a razão de não podermos fazer algo, quando tudo o que nos falta é relaxar, deixar nossa imaginação voar, ver-nos fazendo algo? Até que conseguimos ver as coisas acontecendo.

Em uma pequena sala numa casa em Maplewood Lane, em Glenview, Illinois [Estados Unidos], peguei minha caneta e escrevi: "Vou ter uma empresa que vai operar em todo o mundo". E hoje eu tenho uma empresa que opera em todo o mundo (acho que em mais de noventa países). Agora, quero faturar US$ 100 milhões e expandir o meu negócio – e de uma maneira melhor. Por quê? Porque eu quero. Isso é tudo o que você precisa saber. Eu só quero.

Você está pensando: *Bem, deve haver alguma razão pela qual você quer.* Sim. Eu quero. É por isso. Eu só quero. *E o que você vai fazer com o dinheiro?* Não sei. Talvez doá-lo. Não importa o que vou fazer com ele. Faremos algo com isso e de forma construtiva. Nós não queremos apenas sentar, contar as notas e amontoá-las. *Por que você quer fazer isso?* Dinheiro é um instrumento que colocamos para trabalhar. Queremos vê-lo funcionar fazendo algo que nos proporcione diversão. Isso é construtivo, algo que nos serve e serve aos outros.

"Veja bem, a imaginação", disse Hill, "é a força mais maravilhosa, milagrosa e inconcebivelmente poderosa que o mundo já conheceu. Você pode construir castelos em sua mente."

✦

Em 1970, trabalhei para Kemmons Wilson e Wallace Johnson no Holiday Inn Memphis – Universidade de Memphis, Tennessee. Em 1950, não existia um Holiday Inn. Em 1970, essa rede de hotéis era maior do que os grupos Hilton, Ramada e Sheraton juntos. Eles estavam construindo um novo quarto a cada treze minutos! Sabe por quê? Durante as férias em família, Wilson ficou chocado com o estado dos hotéis na estrada e com o preço que tiveram que pagar por causa das crianças. Após discutir isso com Johnson, os dois se perguntaram: "Por que alguém não constrói uma boa rede de hotéis e isenta as crianças de pagarem pela hospedagem?". E foi isso que decidiram fazer.

Kemmons Wilson e Wallace Johnson construíram a rede de hotéis Holiday Inn e a venderam para a Bass Corporation. Na sequência, Wallace Johnson faleceu. Kemmons Wilson, aos oitenta anos, estava entediado e decidiu construir o Wilson Inn. Antes de morrer, já havia cem deles. Ele também escreveu o livro *Half Luck and Half Brains* (Metade sorte, metade inteligência), cujo exemplar eu tenho autografado.

Idade não é fator determinante! O seu pensamento sim, além da forma como você usa a sua imaginação. De onde tiramos que idade ou gênero fazem diferença? Por que uma mulher ganha 70% do valor total que um homem recebe? Quem pensou nessa ideia? Que validade há nisso? Mas sabe de uma coisa? Se você e eu nos formássemos engenheiros eletricistas e conseguíssemos um emprego aqui nesta cidade hoje, eu ganharia mais em quase todas as empresas. Por quê? Porque eu sou homem. Você dirá: "Bem, isso não está certo". Não importa se é certo ou não, é isso que é feito. Eu não sei por que as mulheres não montam o próprio negócio e demitem todos os homens. São elas que dirigem a nossa empresa.

Pense! Você pode fazer o que quiser. Tudo é questão de imaginação. Use-a. Entenda que é aí que tudo começa. E quando conseguir a imagem pela imaginação, não a deixe passar nem diga: "Ahhh, isso foi bom. Sim, realmente gostei de fazer isso, mas é apenas uma ideia". Do que você está falando? É direção para a sua vida. É inspiração para você. Isso vai mantê-lo vivo, dando-lhe energia todos os dias.

Todo mundo tem uma memória perfeita. Se tivermos tempo, vou conseguir fazê-lo demonstrar isso. Eu poderia lhe mostrar como se lembrar de uma centena de coisas facilmente. Jerry Lucas estava ensinando como memorizar a Bíblia em São Francisco alguns anos atrás. Tínhamos um psiquiatra, Abdullah, da Arábia Saudita, que ensinava a memorizar o Alcorão. A maioria das pessoas não consegue se lembrar do próprio número de telefone, mas desconhece que temos uma memória perfeita.

Há também a **intuição**. Em uma conversa com Andy, eu lhe disse como ele era e fui muito preciso. "Como você faz isso?", ele quis saber. Você se torna consciente. É o seu fator intuitivo. Bons policiais e agentes aduaneiros são muito intuitivos. Lembro-me de que havia um agente alfandegário no aeroporto de Toronto. Stringer era seu sobrenome, Jim Stringer. Foi lá que o conheci. Eu chamava os rapazes da alfândega pelo primeiro nome. Vi no jornal que Jim havia morrido. Ele era um homem bastante jovem, com cerca de quarenta anos. Consegui, então, o endereço dele e mandei um cartão para sua esposa, pois eu gostava do cara. Nós costumávamos parar e conversar muito, e algo que eu não sabia sobre Jim é que ele era um dos principais agentes no aeroporto. Prendeu mais pessoas contrabandeando drogas do que qualquer outro lá. Era a sua intuição. E naquela matéria do jornal disseram que ele era alguém muito intuitivo; sentia que a lei estava sendo infringida e, no final, estava certo.

A intuição é uma habilidade elevada e está em sua mente consciente, permitindo que você se sintonize com a vida em um nível subconsciente e universal. Ela o faz captar a energia de outras pessoas e a traduz para que saiba o que estão pensando. Você não precisa estar com elas, porque isso não é físico. Elas podem estar do outro lado do globo e você ainda vai captar sua energia, graças ao seu fator intuitivo.

E, é claro, você tem a **razão**. Isso é o que lhe dá a capacidade de pensar.

A sua **imaginação** é uma poderosa habilidade mental da qual surgem as visões. Ela lida com o elemento *pode ser que* em sua vida, permitindo-lhe ir para o futuro e trazê-lo de volta ao presente, agindo como a pessoa que você quer se tornar. Napoleon Hill descreveu a imaginação como "a força mais maravilhosa, milagrosa e inconcebivelmente poderosa que o mundo já conheceu". E você é o dono dela. A imaginação nos deu a luz elétrica, a caneta esferográfica, as viagens aéreas, o computador. Tudo o que foi feito pelo homem teve origem na imaginação de alguém.

E há a **memória**. Não existe memória ruim; apenas fraca. A memória é um músculo mental que pode ser fortalecido da mesma maneira que os músculos físicos: por intermédio de práticas repetitivas e perfeitas. A maioria das pessoas diz que a prática leva à perfeição. A verdade é que a prática *perfeita* leva à perfeição.

Você pode usar todas essas seis habilidades mentais superiores (vontade, percepção, intuição, memória, imaginação e razão) para criar magia em sua mente. O nosso instituto elaborou um programa sobre o desenvolvimento das habilidades superiores, chamado "A magia em sua mente".

Vamos dar uma olhada no gráfico a seguir:

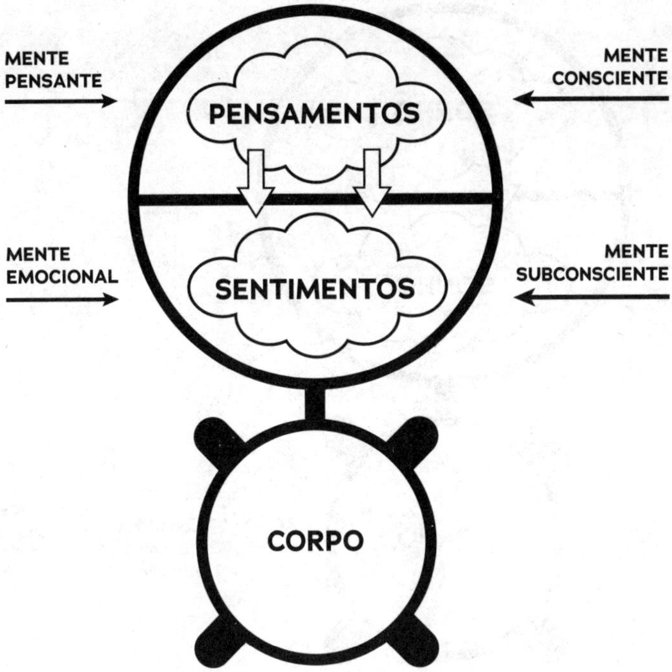

Temos a mente consciente, a mente subconsciente e o corpo. A mente consciente é nossa mente pensante, na qual pensamentos são formados e nutridos. O subconsciente é a mente emocional.

Construímos ideias e sonhos em nossa mente consciente, fixando-os em nossa mente subconsciente. Isso tem que ser expresso pelo corpo, porque o corpo é o instrumento da mente. Assim, ele entra em ação e produz um resultado.

Aqui é possível ver como isso funciona:

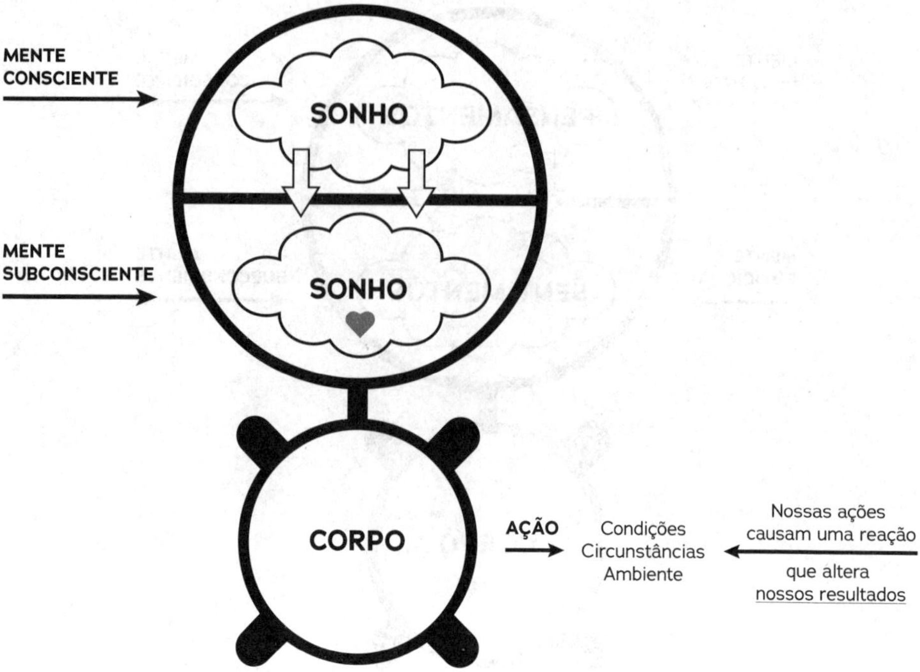

Voltamos, então, a este velho paradigma: *O que eles vão pensar? Se algumas das pessoas com quem trabalho me virem agindo dessa maneira, vão perguntar: "Quem você acha que é?". E vão começar a falar de mim. Eu não quero que falem de mim.*

Você não quer que elas falem sobre você. E o que você diria ao seu marido? Contaria para sua esposa? Eles indagariam: "Quem você está tentando ser? Cresça. Seja você mesmo!". Ao contrário, afirme: "Esse sou eu!". Você ficaria chocado se eu lhe mostrasse quem você é.

Consegue ver onde esse conflito ridículo está acontecendo aí dentro?

AULA 16

A ÚNICA COISA QUE VOCÊ PODE CONTROLAR

Mudando de reação para resposta

Quantos de vocês conhecem pessoas que sempre reagem a situações externas? Eu sei de muita gente assim. Se for positivo, é divertido estar perto delas; se for negativo, porém, mantenha-se longe porque elas se tornam insuportáveis e perdem o controle da própria vida!

Eu estava ensinando a algumas crianças a diferença entre reagir e responder. Uma garotinha disse ter problemas na escola, e eu lhe perguntei o porquê, ao que me respondeu ter batido em um dos meninos.

"Ele é burro", ela explicou.

"É bem provável que ele não fique esperto por um bom tempo", falei. "E você teve problemas por causa disso?"

"Sim".

"Por que você bateu nele?"

"Por causa das coisas que ele estava dizendo."

"Entendi. Por que você não aprende uma nova maneira de responder a essas situações? Descobri que os meninos não amadurecem muito rápido, e alguns deles nunca farão isso. Você vai estar perto deles; se reagir toda vez que eles fizerem algo estúpido, ficará em um ciclo reacionário o tempo todo. Quando um menino age de forma estúpida, por que você não diz a si mesma: 'Bem, isso foi estúpido da parte dele. Fico feliz por eu não ser assim'? Em seguida, vá viver a sua vida. Você não arranja problemas, porque de qualquer maneira você não vai mudar o comportamento dele."

Ao reagir, você se coloca sob o controle da situação ou da pessoa; se responde, permanece no controle. Essa é a diferença entre reagir e responder. Não é algo difícil de se aprender; mas eu lhe digo: quando você aprende, se torna algo incrível.

Agora vamos analisar o gráfico novamente:

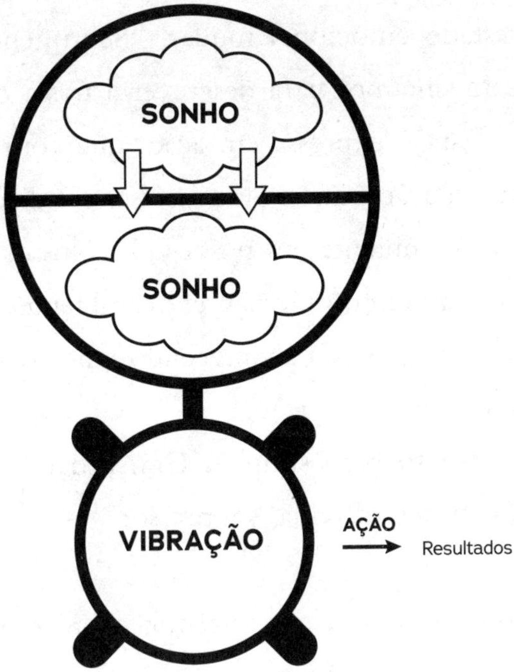

Há a mente consciente, que constrói imagens. Você pensa, pega essas imagens – que são os seus sonhos – e fixa-as na mente subconsciente. Essa ideia é, então, expressa pelo corpo em ação, e essa ação configura uma reação. Veja bem, a Lei da Atração é, na verdade, o Universo reagindo à energia em que você está. E a ação/reação altera as condições, as circunstâncias e o ambiente – ou, em bom português, o que chamamos de resultados. Esse é o processo. Vamos voltar a ele.

Você constrói a imagem na mente consciente, que é o lugar em que elabora o seu sonho e, então, envolve-se emocionalmente com ele. Você se *permite* envolver emocionalmente. Na verdade, sente tudo isso acontecendo, o que fará o seu estado emocional mudar. "Sentimento" é uma palavra que inventamos para descrever a nossa consciência da vibração. Esta é expressa em ação, que configura uma reação. Então, a ação/reação altera nossas condições, as circunstâncias e o ambiente em nossa vida. Nossos resultados (as condições, as circunstâncias e o ambiente), portanto, são causados pelo que está acontecendo em nossa mente. A reação é, na verdade, a atração.

É um conceito bem simples. Concorda? É assim que funciona. Quem tem dúvidas sobre isso?

ALUNO: As coisas que dizemos sobre espírito e pensamento... O meu problema agora é colocá-las em ação. Sei que existe um espírito, mas não sei como fazer a ação acontecer. Às vezes, quando você está falando eu não acredito, mas penso: *Ok, Bob tem experiência suficiente, então tenho certeza de que é verdade!* A outra dúvida é sobre a Lei de Doar. De fato, estou aqui agora... Pode ser egoísta, mas eu quero ficar rico. Não estou pensando em conseguir dinheiro para doar neste momento. Eu o quero para mim mesmo.

BOB: Por que você quer isso?

ALUNO: Quero aproveitar.

BOB: Como você vai aproveitar?

ALUNO: O estilo de vida. Minha família.

BOB: Espere um minuto. É para a sua família. O que você vai fazer com o dinheiro? Vai dar para a sua família? Segure esse pensamento por um momento. Vamos supor que você ganhe muito dinheiro e que apenas o mantenha em seu quarto em uma gaveta, contando-o de vez em quando. Você não compartilha nada com a família, dizendo: "Não, saia daqui! Eu não vou dar para você!". Você seria um velho miserável muito em breve, não é?
ALUNO: Bem, nós poderíamos comprar casas...
BOB: Você quer separar algumas dessas coisas e compartilhá-las com eles.
ALUNO: É claro.
BOB: Se compra um carro novo, de fato não desfruta dele até mostrá-lo a alguém e compartilhar a beleza ou o conforto dele: "Puxa, isso é muito legal", as pessoas dirão. Mesmo que seja um pôr do sol. Você desfruta melhor de algo se houver alguém para dizer: "Olhe para isso! Uau! Olhe isso!". Você deve dar de bom grado e receber graciosamente. É uma questão de manter as coisas em movimento. Mantenha-as no ciclo. Circulação.
ALUNO: Mas eu sinto que não tenho dinheiro suficiente para dar agora.
BOB: Dê o que você tem.

ALUNO [*rindo*]**:** Mas esse não é o meu objetivo agora. Meu objetivo é *conseguir* dinheiro.

BOB: Eu entendo o que está dizendo e, à medida que nos envolvermos nisso, acho que obterá a resposta. Quer saber de uma coisa? Há um monte de gente aqui exatamente com a mesma questão, pensando: *Vou doar se eu conseguir, mas quero conseguir!* Você não está sozinho. Nós vamos lhe mostrar. Você vai ver. Alguém mais tem uma pergunta sobre isso?

ALUNO: No seu modelo, reagimos porque há alguma ação, pela qual você disse que somos atraídos. Poderia explicar isso melhor?

BOB: Você tem que lidar com isso em sua mente. Deve agir ou responder de uma maneira controlada que atraia o que você quer em vez do que não quer. Quando você reage, está atraindo o que não quer. Em outras palavras, quer responder em vez de reagir; em seguida, o que você quer vai retornar.

ALUNO: Por que tantas pessoas reagem?

BOB: Reagimos porque fomos treinados para isso. Deixamos o que está acontecendo fora de nós nos controlar. Se pudéssemos parar e observar ao nosso redor, estaríamos muito mais avançados. Então, acho que o que acontece quando mudamos é que começamos a observar e a não reagir; ao notar que vamos reagir, paramos. Temos que primeiro nos conscientizar do que estamos fazendo. Nós não mudamos isso imediatamente.

Vou dar um bom exemplo de como mudar o que está acontecendo. Quando criança, eu dizia: "Você está vindo?". Se houvesse mais de um, seria: "Vocês *está* vindo?". Isso me era muito natural. A senhora Gregory, mãe do meu amigo Jack, sempre me corrigia: "Bob, não é 'vocês está', é 'vocês estão'". Então, eu pensava: *Ela é muito burra. Há mais de um, só pode ser "vocês está"*. Ela não desistia. Até que cheguei ao ponto de me corrigir, pois me sentia muito desconfortável. Agora, vejo a senhora Gregory sempre que ouço alguém dizer: "Vocês está vindo?"!

Torne-se consciente de estar reagindo às situações. Então, interrompa a si mesmo. Algo dentro de você quer que reaja. Você vai contra-atacar, assumindo o controle da situação. Às vezes, não haverá reação alguma de sua parte. Vai apenas observar e ignorar. Não é uma coisa fácil de aprender, mas a compensação é astronômica. É muito boa.

AULA 17

TRANSFORME SEUS SONHOS EM REALIDADE

Concretizando seus sonhos

Eu costumava orientar um homem que tinha mais dinheiro do que qualquer um que conheço. Ele possuía um iate de 36 metros com o qual navegava pelo Caribe; depois enviava a embarcação para o Mediterrâneo, onde dela usufruía. Além disso, era dono de um belo imóvel em Cap d'Antibes, no sul da França; de outro em Gstaad, na Suíça; e de um em Eaton Square, Londres. Se eu o levasse até lá e lhe dissesse que era o condomínio do príncipe Charles, você acreditaria em mim. Esse homem era muito rico e costumava me levar junto para o seu iate no Mediterrâneo, ou no Caribe, ou em Cap d'Antibes. Eu trabalhava com ele por três ou quatro dias, por muitos milhares de dólares, fazendo-o retornar ao trabalho.

Isso mesmo... ele não trabalhava! E acho que assim procedia porque foi criado para acreditar que o objetivo do trabalho é ganhar dinheiro, e ele já tinha mais do que o suficiente. A propósito, a ideia de que o objetivo final do trabalho é ganhar dinheiro é tola. Trata-se da pior maneira de se ganhar dinheiro. De qualquer forma, consegui que ele trabalhasse; e, então, fiquei desempregado. Eu gostei de trabalhar com ele.

O que me impressionou sobre esse cliente foi o fato de ele tocar a música "What a Wonderful World", de Louis Armstrong, todas as manhãs. *Todas* as manhãs podíamos ouvi-la na embarcação, em todo o lugar, onde quer que estivéssemos. Ele tocava uma e outra e outra vez. E eu pensava: *Sabe de uma coisa? Há algo nisso!*

Sugiro que você acorde com essa música todas as manhãs. Ou, então, "I Can See Clearly Now", de Johnny Nash, e "Pretend", de Nat King Cole.

> Finja que você está feliz quando triste estiver
> Não é muito difícil de se fazer
> E você encontrará a felicidade sem fim
> Sempre que fingir assim*

* Tradução livre de trecho de "Pretend", de Nat King Cole. [N.E.]

Músicas com tais letras programam sua mente. No começo, você só vai fingir, mas muito em breve encontrará a felicidade sem fim.

E o motivo é o seguinte: imagine a ilustração do boneco de círculos das páginas anteriores, na qual há a mente consciente, o subconsciente e o corpo. A mente consciente é a mente pensante, que também é a mente instruída: aquela em que a escola realmente se concentra. É aqui que residem o intelecto e todos esses fatores intelectuais de que eu estava falando.

A mente emocional é bem diferente da mente consciente. Para os psiquiatras, a mente consciente é indutiva e dedutiva. Em outras palavras, ela tem a capacidade de aceitar e rejeitar, mas também de apenas aceitar. Já o subconsciente é totalmente dedutivo, ou seja, não tem capacidade de rejeitar. A mente consciente pode escolher. À medida que esse poder flui para a sua mente consciente, você pode escolher o que fazer com ele. Você pode escolher o que quiser pensar. Você pode pensar o que quiser pensar.

Isso é grandioso. Existe um poder fluindo através de você. Há algumas coisas que você acha que tem de fazer e aquelas que acredita não poder controlar. No entanto, você só pode controlar *a si mesmo,* e mais nada. Pode controlar a sua percepção sobre como responde a tudo, mas você está sob o seu controle. Pode escolher, aceitar ou rejeitar qualquer ideia. Se ouvir na televisão a notícia de que a economia está indo pelo ralo, rejeite essa ideia, mesmo se alguém disser que se trata de fatos e que é preciso prestar atenção a eles. Você *não* precisa prestar atenção; pode rejeitá-los. Eu não tenho que prestar atenção a algo que não quero. Deus me deu a capacidade de escolher. Vou optar por rejeitar tudo isso.

Quando você rejeita algo, origina um pensamento. Um belo poder flui para a sua consciência, que é como um funil: flui para e através de você. Uma vez dentro de você, ele não tem forma; é energia pura, não adulterada e criativa em direção à sua mente consciente. O que quer que você escolha e fixe, a sua mente subconsciente deve aceitar. Ela não tem nenhuma capacidade de rejeição e é totalmente dedutiva.

Algo que você precisa compreender bem é que a sua mente subconsciente não consegue diferenciar o real do imaginário. Se eu o colocasse em um estado hipnótico, poderia fazê-lo suar, pois você acreditaria que a temperatura desta sala é de 50 °C. E então, um segundo depois, poderia fazê-lo tremer, dizendo que está muito frio. A temperatura na sala não teria mudado, mas a sua percepção dela sim, por causa da ideia que eu poderia colocar em sua mente.

Se você ordenasse, o seu corpo poderia ficar tão rígido quanto esta mesa. Ele é um instrumento da mente. Saiba que a sua mente subconsciente não pode rejeitar uma imagem do que você quer. É algo totalmente subjetivo. Como disse antes, ela não consegue diferenciar o real do imaginário. Isso que eu acabei de abordar aqui é a coisa mais importante que você poderia aprender.

Aqui estamos nós hoje. Há um poder fluindo para a sua consciência, a sua mente consciente, assim como o jornal, o rádio, a TV. Isso ocorre porque existe um fator de raciocínio – lembre-se de que dissemos que a razão era um dos fatores intelectuais –, que lhe dá a capacidade de pensar. Você pode dizer: "Eu não vou aceitar isso. Não vou pensar isso. Não vou ouvir isso". Basta dizer que está rejeitando e, então, se livrar do que quiser.

Mas isso nunca é feito. Nós deixamos a nossa mente escancarada quando essas coisas aparecem, e nem sequer tentamos argumentar, pois estamos programados para tanto. É aí que está o nosso paradigma.

Segure sua mão por um momento e coloque-a em seu queixo. Você pode fazer isso? Vamos lá. Onde está o seu queixo? O que você está fazendo aí em cima [Bob diz, colocando a mão na bochecha]? Por que você colocou a mão aí? Se eu pulasse de um penhasco, você me seguiria? Sabe o que estava acontecendo? Você não estava pensando! Sua mente subconsciente estava escancarada! Você fez exatamente o que eu fiz!

Essa é a maneira como vivemos. Vemos todas essas pessoas lá fora e as estamos seguindo como ovelhas. *Esse deve ser o caminho a percorrer!*, pensamos. *Todas elas estão indo por lá.* Não, esse não é o caminho! Não há nada lá. Está tudo aqui embaixo. Por que fazemos isso? Porque fomos criados assim! É como falar a sua língua ou gostar da comida que você gosta. Por que você gosta? Você não decidiu gostar da comida. Você diz: "Ah, eu decidi". Não, não decidiu. Por que você fala esse idioma? Você foi treinado para isso.

Quando criança, a sua mente subconsciente está escancarada. O que quer que esteja acontecendo ao seu redor, vai direto para ela. Eu quero que você pense um pouco sobre isso. Podemos levar um bebê a qualquer parte do mundo e, antes que complete quatro ou cinco anos, ele pode aprender cinco idiomas e falá-los fluentemente. Isso não é incomum em algumas partes do mundo. Eu tinha um associado em Kuala Lumpur cujo filho de quatro anos falava quatro idiomas. Ninguém achava isso nada de mais, pois todos lá eram poliglotas. E aqui estou eu, ainda aprendendo uma.

E sabia que é possível ensinar um bebê a ler antes que ele possa falar? E que, em seguida, quando aprender a falar, ele será capaz de ler? Lembre-se: a mente subconsciente aceitará tudo o que você der a ela. Ela está escancarada.

Bem, se analisarmos a área de previdência social, veremos que quase todos os beneficiários são de terceira, quarta e quinta geração. Sua mãe te amava? Então voltamos a tudo aquilo. Vamos supor que encontramos o problema. Você ainda o tem! Por que você gastaria todo esse tempo procurando o problema? Quando você o encontra, ainda o tem! Acho que essa é uma forma de psicanálise, não é? Vamos abandonar isso. Digamos apenas que faz parte do passado. Que tal psicoterapia? Isso seria um pouco mais progressivo. Faz sentido?

Como obtemos todas essas ideias? Bem, repetidas vezes essa informação é programada na mente subconsciente. Como a mente do bebê está escancarada, vai aceitar tudo o que você der a ela. Essa é a linguagem que ele aprende. A autoimagem do bebê é construída em uma idade muito precoce, antes mesmo de ele adquirir a capacidade de pensar, ou que as habilidades conscientes tenham sido formadas. Essa criança ainda nem é capaz de pensar, mas está construindo uma autoimagem: o que pensa de si mesma. Na realidade, o que acontece é que alguém constrói a autoimagem do bebê; e, na maioria das vezes, essa pessoa não conhece o potencial humano. Uma criança criada com muitos elogios cresce confiante; já aquela criada com muitas críticas cresce insegura. Lembre-se: é possível colocar o que quiser na mente do bebê.

Por que você gosta da comida que você gosta? Você foi treinado para isso. Por que fala esse idioma? Foi treinado para isso. Por que você tem os preconceitos que tem? Foi treinado para isso. Por que pessoas de determinada raça pensam ser superiores às outras? Existem cores, formas, tamanhos e gêneros diferentes, mas há um denominador comum: a mente. Somos todos uma expressão exata da mesma coisa.

Agora todo esse condicionamento se transforma no que é autoimagem, mas a autoimagem é apenas uma ideia. Pelo que você estava cercado? Analise isso.

Robert Heinlein, escritor de ficção científica da década de 1960, publicou *Stranger in a Strange Land* (Um estranho em um território estranho), obra na qual diz o seguinte: "Na ausência de objetivos definidos, nós nos tornamos estranhamente leais à realização de trivialidades diárias até que, por fim, tornamo-nos escravizados por ela".

Isso se aplica à maioria das pessoas. Elas se tornam escravizadas por trivialidades, e é tudo o que sabem! Não têm um pensamento criativo e se perguntam por que não estão aproveitando a vida: "O que aconteceu? A vida passou por mim". O que quer dizer com isso?

Se você está cercado por pessoas cuja vida está cheia de trivialidades diárias, há grandes chances de que a sua vida também esteja. Se, enquanto crescia, você tinha ao seu redor indivíduos que acreditavam que era difícil ganhar dinheiro, grandes são as chances de que acredite nisso também. Se estava cercado por pessoas que lutavam apenas para sobreviver... São boas pessoas, só não têm muito. Se cresceu perto de pessoas que creem haver algo de errado em ter dinheiro, que dizem que os ricos não são felizes... Bem, conheço pessoas ricas que riem. Por que crescemos com essas ideias? Crescemos com todos os preconceitos e pensamentos errados daqueles que nos rodeiam.

Você diz: “Mas eu amo meus pais”. Eu amo os meus também, mas eles não viviam bem. O meu pai eu nunca conheci. Ele era uma espécie de perdedor que foi embora cedo. A minha mãe era uma pessoa maravilhosa, mas trabalhou duro a vida toda. O que fomos programados para fazer? Vamos mudar o pensamento e reprogramar a mente.

AULA 18

VOCÊ NÃO PRECISA FAZER TUDO

O poder de uma mastermind

Há uma história sobre minha esposa, Linda, que eu estava contando aos consultores outro dia. Ela alugou um espaço de seiscentos metros quadrados e nos encontramos com um colaborador do Today's Business – empresa que fornece escritórios – para quem eu estava realizando seminários. O trabalho deles é muito bom, e Linda os contratou para que decorassem o escritório dela. Como tinham o tipo certo de móveis e tapetes, ela conseguiu tudo de que precisava e começou o próprio negócio. Eu aconselhei: "Faça com que as pessoas comecem a trabalhar com você!". Linda conseguiu isso, mas estava muito confusa.

Um dia, ao chegar em casa, eu a encontrei no quarto debaixo das cobertas, que ela puxou para cima da cabeça ao me ver. Você já ficou assim? É quando, com medo, voltamos ao útero.

"Linda, qual é o problema?", eu quis saber.

"Eu não posso fazer isso! Estou muito confusa!"

O que ela queria que eu fizesse era colocar meu braço ao redor dela e dizer: "Querida, deixe-me fazer isso por você, eu vou ajudá-la".

"Bem, então, *desista*!", acabei dizendo. E saí.

Sabe o que aconteceu? Ela se endireitou sob aquelas cobertas e retrucou:

"Seu idiota, eu não vou desistir."

Deu certo!, pensei. Ela não desistiu e começou a se mover.

Eu amo um pequeno livro de James Allen chamado *As a Man Thinketh* (O homem é aquilo que ele pensa), que diz: "Um homem só começa a ser um homem quando deixa de choramingar e de se revirar, e começa a procurar a justiça oculta que regula a própria vida". Uma pessoa forte não pode ajudar alguém mais fraco, a menos que o indivíduo mais fraco queira ser ajudado. E, mesmo assim, o mais fraco deve se tornar forte por conta própria; por próprio esforço, tem de desenvolver a força que admira no outro. Ninguém mais pode alterar essa condição.

Eu não poderia fazer isso por Linda. Ela teve que mudar a maneira de pensar, parar de reagir às circunstâncias e começar a usá-las para descobrir o poder e as possibilidades ocultas dentro de si mesma. Ela tinha que fazer isso para que pudesse crescer.

✦

Em 1961, eu tentava descobrir como ganhar os US$ 25 mil que havia escrito no meu cartão. Então, Ray me mostrou o passo 6 de *Quem pensa enriquece,* chamado "Planejamento organizado". Logo no topo de uma página, há o seguinte texto: "Antes que você possa ter certeza de sua capacidade de transmutar o desejo em seu equivalente monetário, será necessário conhecimento especializado do serviço, da mercadoria ou da profissão que pretende oferecer em troca de fortuna".

Obtenha conhecimento especializado se quiser ganhar o dinheiro. Eu não tinha nenhum conhecimento especializado. Não estudava, não tinha experiência em negócios. Pobre de mim. Eu estava me colocando para baixo, pensando em tudo o que não tinha. Ray me explicou que, até que eu parasse de me colocar para baixo, nunca ia me levantar. E me orientou a começar a pensar em todas as coisas que tinha a meu favor para conseguir aquilo para o qual o conhecimento especializado não fosse necessário.

Ainda na mesma página, Hill diz: "A acumulação de grandes fortunas exige poder, e o poder é adquirido através de conhecimento especializado organizado e inteligentemente dirigido, mas *esse conhecimento* [ênfase minha] não precisa estar na posse da [pessoa] que acumula a fortuna".

Esta é a segunda vez que compartilho informações do senhor Carnegie. Isso é muito importante. Andrew Carnegie era o homem mais rico do mundo em 1908. Ele era um menino escocês pobre que veio para os Estados Unidos com os pais, onde ganhou dinheiro na indústria do aço. Em outra parte do livro, ele revelou não saber nada sobre marketing ou fabricação de aço; além disso, não tinha inclinação para aprender. No entanto, conseguiu tudo de que precisava com a ajuda de seu grupo mastermind.

Se você acha que precisa de tudo, esqueça. Você não precisa de tudo. Aprendi que não preciso de tudo. Há várias coisas que não sei. Eu me cerquei de gente incrível. Se você conhecesse as pessoas em nossa empresa, ficaria impressionado. Nós temos os indivíduos mais fenomenais que alguém poderia conhecer. Gina Hayden é um gênio na execução. Cara, ela pode fazer as coisas acontecerem! Posso viajar – não importa para onde eu vá – e tudo estará pronto para mim. Posso ir a Kiev e ter sete idiomas diferentes traduzidos simultaneamente em sete cabines. Tudo se encaixa como um quebra-cabeça. Quando saio do avião, há uma limusine me esperando. Não tenho que me preocupar com nada. Gina faz tudo acontecer. Sandy Gallagher é um gênio absoluto com dinheiro. Nunca vi ninguém que entendesse de dinheiro como ela. Ela pode olhar para um relatório financeiro e ver algo que uma pessoa normal nunca verá. Mykie Oyler aqui: ela escreve, alguns copiam. Eu pergunto: “De onde você tirou isso?”. Ela diz: “Eu escrevi”. Ela é boa, muito boa, e escreve coisas legais. Temos gente fenomenal na empresa. Arash Vossoughi lidera nossa força de vendas. Ele é excelente. Você atrai ótimas pessoas quando trabalha em você continuamente.

Você precisa de "conhecimento especializado organizado e inteligentemente dirigido". No entanto, a chave para isso é a seguinte: você não precisa tê-lo. Pode obter o conhecimento especializado poupando-se anos de estudo demorado e de dificuldades. Haverá pessoas capazes de ajudá-lo. A ideia toda é pensar em maneiras de ajudar os outros e você descobrirá que o Universo vai recompensá-lo em abundância. É tudo em que você deve pensar.

Não é preciso saber fazer tudo. Eu apenas sou muito bom no que faço, e os outros fazem o resto.

✦

Você sabe qual é a definição de criatividade? Nenhuma rotina. É o contrário de rotina. Saia de uma rotina e você fará as pessoas o ajudarem.

Mastermind é algo para o qual você dá, não do qual tira. Se todos estamos dando, essa energia mastermind acrescenta algo a nós. Digamos que Mykie e eu estamos em uma mastermind, à qual acrescentamos, mas com cuidado. Mykie diz: "Vamos adicionar a Michelle". Então, algo é organizado e passo um tempo com Michelle. Eu volto para Mykie e digo: "Eu acho que não dará certo". E não tenho que dizer o porquê. A energia não estava lá; não na mesma frequência. Isso não significa que algo está errado. Ou talvez Michelle e eu estejamos na mesma frequência, então eu aceito. Assim ficamos os três na mesma frequência, em harmonia.

Uma verdadeira mastermind é quando todos se reúnem e estão em harmonia. A maioria das pessoas não tem uma mastermind real. Mark Victor Hansen e eu temos uma – convidamos pessoas de vez em quando. Foi daí que veio o Fórum do Milhão de Dólares. Tem a ver com o que você pode dar. Se sua atitude for doar, ficará surpreso com o que ganha com isso.

AULA 19

É A SUA VEZ

O poder de decisão

Há um único movimento mental que, em um milissegundo, resolve enormes problemas para você. Ele tem o potencial de melhorar quase qualquer situação pessoal ou de negócios, impulsionando-o pelo caminho de incrível sucesso. Estou falando da decisão.

Em mais de cinquenta anos no mesmo negócio, aprende-se algo quando se quer realmente fazer as coisas fluírem. Descobri que a maioria das pessoas tem dificuldade com as decisões. Elas olham para um problema, veem todas as possíveis soluções, mas não decidem. Até decidirmos e agirmos de acordo com isso, nada acontece.

O que costuma acontecer é o seguinte: temos um fluxo de pensamentos se movendo pela nossa mente e escolhemos algo de que realmente gostamos. E dizemos: "Sabe de uma coisa? Isso é o que eu quero que aconteça". Definimos um alvo no qual atirar. Mas é aí que está o erro. "Eu vou tirar férias... assim que encontrar o dinheiro. Vou abrir outro escritório... assim que eu encontrar o dinheiro."

Sabe de uma coisa? Você *nunca* vai encontrar o dinheiro. Está sempre procurando o que você acha que precisa para chegar aonde quer ir na frequência de seus pensamentos. No entanto, isso não funciona. Você não vai encontrar o que está procurando nesse nível. Seja corajoso e diga: "Eu vou fazer isso, e vou fazer isso *agora*".

Edmund Hillary não sabia como alcançar o topo do Monte Everest até chegar lá. Os irmãos Wright não sabiam como ir ao céu até chegarem lá. Assim que você toma a decisão, sintoniza o seu cérebro em uma frequência diferente, e os pensamentos apropriados começam a rolar em sua mente. *É assim* que funciona!

Essa é uma das lições mais importantes que já aprendi e me ajudou a ganhar milhões. E ela vai ajudá-lo a fazer o mesmo.

✦

As pessoas mais bem-sucedidas são capazes de tomar decisões. Já aqueles que não conseguem tomar decisões parecem não ir a lugar nenhum. Pense nisso. Decisões (ou a falta delas) determinam o sucesso ou o fracasso de carreiras.

Indivíduos que se tornaram proficientes em tomar decisões, sem serem influenciados pelas decisões dos outros, são os mesmos cujas rendas anuais se enquadram nas categorias de seis e sete dígitos. As pessoas que nunca desenvolvem a força mental para fazer esses movimentos vitais são relegadas às posições de renda mais baixas por toda a carreira. Além disso, na maioria das vezes, a vida delas se torna pouco mais do que uma existência monótona e chata.

É claro que não apenas a sua renda é afetada por decisões. Toda a sua vida é: a saúde de sua mente e de seu corpo, o bem-estar de sua família, a sua vida social e os tipos de relacionamentos que você desenvolve dependem de sua capacidade de tomar decisões sensatas.

Você pensaria que qualquer coisa tão importante quanto a tomada de decisão seria ensinada em todas as escolas. Mas não é. E, para agravar o problema, a tomada de decisão não apenas está ausente do currículo de quase todas as nossas instituições educacionais formais, mas também foi deixada de fora de praticamente todos os programas de treinamento e desenvolvimento de recursos humanos em nosso mundo de treinamento corporativo.

A esta altura, você pode estar se perguntando: "Como vou desenvolver essa habilidade?". Bem, eu tenho a resposta para você: faça isso por conta própria. A boa notícia é que você já começou, ao pensar a respeito das informações que estou compartilhando com você agora e ao digeri-las. Isso o está tornando mais consciente da importância de tomar decisões.

✦

A maioria de nós tem músculos fracos de tomada de decisão. Nem sequer reconhecemos o que significa tomar uma decisão de verdade. Não percebemos a força de uma decisão congruente e comprometida.

Parte do nosso problema é que usamos o termo "decisão" tão vagamente que ele passou a descrever nossos desejos, não nossos compromissos. Em vez de tomarmos decisões, declaramos nossas preferências. A palavra "decidir" vem do latim *decidere* – as raízes *de-*, que significa "fora", e *caedere*, que quer dizer "cortar". Portanto, tomar uma decisão é cortar fora qualquer outra possibilidade. Uma *decisão verdadeira*, então, significa estar comprometido em alcançar um resultado para, então, se isolar de qualquer outra possibilidade.

Depois de tomar uma decisão verdadeira, especialmente uma difícil, você vai sentir que um tremendo fardo foi retirado de seus ombros.

✦

Decisões comprometidas aparecem em dois lugares: em sua agenda e em seu talão de cheques. Não importa o que diz que valoriza, ou mesmo o que julga serem as suas prioridades; você só tem que olhar para a agenda do ano passado e para o talão de cheques para ver as decisões que tomou sobre o que realmente valoriza.

Por exemplo, estou comprometido com o crescimento, profissional e pessoal. Uma revisão da minha agenda sempre mostra vários cursos de educação contínuos, seminários e workshops na minha vida pessoal e na profissional.

Dê uma olhada na sua agenda para ver o que ela diz a respeito dos seus valores.

AULA 20

TRABALHE DO SUPERIOR PARA O INFERIOR

Deixe seus sentidos de fora

Nesta sessão, vamos detalhar a primeira página do capítulo de Raymond Holliwell sobre a Lei do Sucesso em seu livro *Working with the Law* (Trabalhando com a lei). Trata-se de um capítulo fenomenal do qual podemos tirar algumas grandes lições.

Por exemplo, Holliwell disse: "Deus pretendia que cada indivíduo tivesse sucesso. É o propósito de Deus que o homem se torne excelente".

Isso não é maravilhoso? Deus pretendia que você e eu nos tornássemos pessoas excelentes.

Em outro livro, um homem chamado Robert Russell disse, e estou parafraseando, que não há segredo para se tornar alguém excelente. Basta realizar pequenas coisas de uma maneira excelente todos os dias.

Então, você não precisa procurar algo grande. Comece onde você está. Faça o seu melhor em tudo o que você faz.

Holliwell continua: "É a vontade de Deus que o homem não apenas use, mas desfrute de todo bem no Universo. A Lei de Deus nada nega ao homem. O homem nasce para ser rico".

Anos atrás, criei um programa baseado em tudo o que eu havia aprendido na época. Chamava-se You Were Born Rich, porque é verdade: você nasceu rico. Você tem reservatórios profundos de talento e habilidade dentro de si. Provavelmente está com pouco dinheiro, mas, como Holliwell diz: "Os poderes inerentes a você são inesgotáveis".

Quero que pense sobre isso por um momento. Você tem poderes que são inesgotáveis! Isso é uma lei.

Ainda segundo Holliwell: "Cada pessoa normal é dotada de um conjunto completo de habilidades que, se desenvolvidas e aplicadas cientificamente, garantirão o sucesso, um sucesso cada vez maior".

O grande Napoleon Hill disse: "Uma pessoa instruída não é alguém que possui uma abundância de conhecimento geral ou especializado. Uma pessoa instruída é aquela que desenvolveu as habilidades de sua mente de tal forma que pode adquirir qualquer coisa que quiser, ou o seu equivalente, sem violar os direitos dos outros".

No entanto, não somos ensinados a desenvolver essas habilidades, mas a viver de acordo com nossos cinco sentidos. Você sabe o que isso faz? Isso nos programa para viver de fora para dentro; de baixo para cima. Vivemos do físico para o intelectual ou o espiritual. Você está deixando o controle físico ficar mais elevado, mas não funciona dessa maneira.

Deus opera do superior para o inferior. O espírito sempre se manifesta do superior para o inferior, do não físico para o físico. Se você vai viver em harmonia com a lei, é assim que você vai ter que trabalhar: do pensamento para a coisa, e não da coisa para o pensamento. O que quero dizer com isso? Que você não deve deixar a sua conta bancária ditar a sua situação financeira.

Uma das coisas que eu pergunto às pessoas quando elas vêm trabalhar comigo pela primeira vez é: "Qual foi o máximo que você já ganhou em um ano?". Lembro-me de questionar um dos meus antigos parceiros de negócios, que me respondeu: "US$ 100 mil". Ele estava muito orgulhoso disso (e essa era uma boa quantia).

"Se você fizer o que eu lhe digo, vou lhe mostrar como transformar isso em uma renda mensal", eu avisei. E sabe de uma coisa? Em poucos meses, ele estava ganhando essa quantia por mês. Ensinamos as pessoas a transformar sua renda anual em sua renda mensal, estabelecendo várias fontes de renda.

Anteriormente, mencionei que Holliwell disse que cada pessoa normal tem um conjunto completo de habilidades que vão garantir um sucesso cada vez maior quando forem desenvolvidas de forma adequada. Nós já falamos sobre elas antes, então não vou entrar em detalhes agora. No entanto, lembre-se, você tem percepção – que é a forma como olha para a vida, sua vontade – que o ensina a se concentrar: sua memória. Não existe essa coisa de memória ruim; você tem uma memória perfeita. Você tem a razão, que é a sua capacidade de pensar, além de intuição e imaginação. Todas são ferramentas fenomenais, que você pode desenvolver para experimentar um sucesso cada vez maior. Você vai ter que usá-las se quiser viver de dentro para fora.

Holliwell continua: "Todo homem contém dentro de si a capacidade para um desenvolvimento sem fim".

Desenvolvimento sem fim! Eu não sei você, mas isso me anima. Estou trabalhando nesse aspecto há mais de 55 anos e sei que vou estudar pelos próximos 55 anos. Só quero continuar melhorando.

Em seguida, ele diz: "O avanço em todas as coisas é o grande propósito da Lei. Ao aprender a trabalhar com a Lei na promoção desse objetivo, o homem pode fazer de si mesmo um sucesso cada vez maior".

Você talvez diga: "Qual é a vantagem em realmente estudar essas leis?". Bem, você fará de si mesmo um sucesso cada vez maior. Essa, sim, é uma ideia fenomenal! Vai ganhar mais dinheiro e ir além. Passei de US$ 4 mil por ano para ganhar milhões. E é mais fácil. Eu não trabalho tanto.

Napoleon Hill afirmou que não é preciso mais energia ao trabalhar para a grande ideia em vez da pequena. Bem, é isso que estamos dizendo aqui.

O que mais você pode esperar? Você vai ter mais amigos – melhores amigos –, viver em um corpo mais saudável, gostar mais do seu trabalho, fazer o que quiser. Viva do jeito que você quer viver.

Agora, veja isso. Holliwell disse: "Todos os processos da Natureza são bem-sucedidos. A natureza não conhece falhas". Isso é incrível! E continua: "Ela nunca planeja nada além de sucesso. Ela visa resultados de todas as formas e maneiras. Para ter sucesso no melhor e mais completo sentido do termo, devemos, com a Natureza como nosso modelo, copiar os métodos dela. Em seus princípios e leis, descobriremos todos os segredos do sucesso".

Não é emocionante? Temos sucesso quando seguimos o molde da natureza. Eu sei de uma coisa: a maré sempre sobe, e a maré sempre baixa. A noite sempre vem depois do dia. O inverno nunca vem depois do inverno. Essa é a lei em ação. É perfeita em toda a natureza. E podemos fazer a mesma coisa.

Em seguida, ele afirma: "Em seus princípios e leis, descobriremos todos os segredos do sucesso. Recursos infinitos estão à disposição do homem. Não há limites para as possibilidades dele".

Pense nisso. Infinito. Isso significa que não há limites para a nossa capacidade.

E então: "Ele focaliza e individualiza os elementos, as forças e os princípios do mundo inteiro".

Do mundo inteiro! Isso é um pouco exagerado, não é?

Sabia que tudo neste Universo correrá ao seu auxílio quando você estiver trabalhando em harmonia com a lei? Essa não é uma decisão de algum deus emotivo ou caprichoso sentado em uma nuvem. Essa é a lei absoluta do Universo. A lei é o método uniforme e ordenado do Deus onipotente. É assim que tudo funciona. E tudo funciona perfeitamente.

Holliwell continua: "Ele pode desenvolver uma inteligência maravilhosa; assim, todas as perguntas da vida podem ser respondidas; todos os segredos da Natureza, descobertos; e todos os problemas humanos, resolvidos. Nada é impossível".

Talvez você esteja pensando que o mundo necessita disso urgente. Ah, você está tão certo!

Mas sabia que é porque estamos vivendo em harmonia com a lei que podemos viver da maneira que vivemos? Existem algumas pessoas que nunca viram um banheiro ou um fogão elétrico. Sabia que o mundo inteiro vivia assim até pouco tempo atrás? A luz elétrica é uma ideia muito nova. Tudo o que temos e achamos natural é relativamente novo e aconteceu porque começamos a entender a lei. Pense no que poderá fazer quando *você* entender a lei.

Holliwell disse o seguinte:

> Habilidades superiores, talentos notáveis, discernimento superior e um poder maior estão adormecidos em todos e, por métodos psicológicos especiais, esses elementos excepcionais podem ser desenvolvidos em um grau extraordinário para uso real e prático. Toda mente pode desenvolver grandeza. É uma simples questão de SABER COMO. A verdadeira autoajuda, a autodescoberta, o autoconhecimento e as instruções adequadas na aplicação das habilidades e no uso das forças vão desenvolver qualquer pessoa.

A mente é perfeita, mas o ser humano não. Podemos pensar, e nossos pensamentos se transformam em coisas.

Holliwell afirmou:

> A prática vai garantir a eficiência, o uso trará resultados. O sucesso, portanto, está ao alcance de todos que o ambicionam. Você deseja ter sucesso? Você pode. Você possui todos os elementos essenciais dentro de si mesmo. Tudo o que você precisa é obter uma compreensão correta dos princípios e das leis em que o sucesso se baseia e, em seguida, aplicar os métodos corretos de operar essas causas até que o sucesso seja conquistado.

Mas você deve conquistá-lo. Nada vem de graça.

Acabei de tocar na primeira página da Lei do Sucesso. Você perceberá que há grande ajuda em todos os lugares ao nosso redor. Podemos ter tudo o que quisermos. Podemos desfrutar de todo o bem que quisermos desfrutar, mas apenas se trabalharmos em harmonia com a lei.

✦

Comecei a ganhar mais de US$ 1 milhão quando passei a limpar escritórios, mas acho que esse trabalho foi quase incidental para o que eu estava fazendo. Eu poderia estar fazendo qualquer coisa.

Eu tinha que descobrir o que aconteceu comigo. Por que mudei? Por que deixei de ser um perdedor para ganhar mais de US$ 1 milhão?

O que realmente fiz foi mudar minha crença sobre quem eu sou. Eu havia lido todos os livros religiosos; tenho uma biblioteca fenomenal de livros religiosos e de autoajuda, que conta com mais de três mil livros. Mas só depois de ler *Quem pensa enriquece* é que tudo começou a mudar. Eu tinha dado essa obra para outras pessoas, mas nada aconteceu.

Então, comecei a estudar para descobrir por que eu tinha mudado. Levei nove anos e cheguei à conclusão de que eu havia mudado minha crença sobre quem eu sou.

Sabia que, se você analisar a maioria de suas crenças, descobrirá que elas não têm fundamento? Acreditamos em mentiras.

Você diz: "Bem, eu acredito nisso". No entanto, o seu comportamento indica que nunca ouviu falar disso, pois há um elo perdido. Ele não é óbvio; é interno.

O seu sucesso não vem do que você faz, mas de como o faz. É o que está acontecendo lá dentro. Ele vem da vida em harmonia com a lei. Há uma grande diferença.

AULA 21

NÃO SE TRATA DE DINHEIRO

Tendo liberdade para fazer o que quiser

Tudo o que queremos já está aqui. É simplesmente uma questão de pegar, de tomar consciência de sua presença. Mantenha como coisa principal *a coisa principal.* O que é o principal? A liberdade.

Eu tive um mentor (que já se foi) chamado Bill Gove. E ele disse: "Se eu quero ser livre, tenho que ser eu, não o eu que acho que você pensa que eu deveria ser. Não o eu que acho que minha esposa pensa que eu deveria ser. Não o eu que acho que meus filhos pensam que eu deveria ser. Se quero ser livre, eu tenho que ser eu. E é melhor que eu saiba quem sou".

Não sei o quanto você sabe sobre si mesmo, mas sei que, quando comecei a estudar isso, eu sabia muito pouco sobre mim. Sabia meu nome, meu peso, minha altura, meu sexo, meu endereço, meu número de telefone... Além disso, eu não sabia muito.

Pense nisto por um momento: liberdade de tempo e financeira. Queremos as duas. Bem, você ficará surpreso com a quantidade de tempo livre que tem quando nunca precisa pensar em dinheiro. Se você tem problemas com dinheiro, isso consome o seu tempo.

Quando eu estava endividado, todos costumavam me telefonar e perguntar: "Onde está o dinheiro?". Eu dizia: "Se soubesse onde está o dinheiro, você não teria que me telefonar!".

Ganhava US$ 4 mil por ano e devia US$ 6 mil. Essa não é uma boa posição para se estar. Eu estava realmente sem esperança porque teria que pegar cada centavo que ganhei por dezoito meses apenas para sair da dívida. E ficaria sem nada. Acho que tem muita gente que vive como eu estava vivendo. Não é divertido. Não é nem mesmo viver – é existir.

Então, o que queremos dizer com liberdade de tempo e financeira? Queremos ter tempo suficiente para fazer o que queremos fazer quando quisermos fazer. E queremos ter dinheiro para poder pagar por isso.

Costumava acontecer de eu entrar em uma loja, olhar o preço dos produtos e sair. Hoje, quero ser capaz de entrar em um lugar, se quiser, e o preço ser a última coisa a ser vista. O primeiro elemento que a maioria das pessoas costuma olhar é o preço. Elas não compram o que querem, mas sim o que acham que podem pagar. Mal sabem elas que poderiam comprar a loja inteira. Alguém fez isso. É importante que a gente entenda isso.

Existe uma fonte infinita de suprimento. Toda religião e toda ciência sempre ensinaram isso. Essa ideia não é minha. Isso é algo de que eu tomei consciência. Quando você está lidando com o infinito, é impossível extrapolar a sua parte. Há uma abundância para todos.

Lembro-me de Ray Stanford, que pegou um maço de dinheiro – o homem sempre tinha muito dinheiro, e eu, nada – e me disse que dinheiro não podia falar, mas podia ouvir. Se você o chamar, ele virá. Nunca me esqueci disso. Eu estava chamando, mas ele não vinha. Ele veio quando compreendi a abundância e o espírito de opulência.

É impossível que você extrapole a sua parte. Estamos lidando com o infinito.

✦

Eu quero que você pense sobre isso por um momento. O nosso mundo está mudando tão drástica e rapidamente que é quase um absurdo. Não faz muito tempo que, em seminários, eu tinha um grande quadro-negro e um monte de panos úmidos para limpá-lo, além de panos secos e muito giz. Hoje, eu tenho um pequeno computador de um quilo no qual produzo todas essas imagens. E, com um simples apertar de botão: *bum!*, as imagens mudam como eu bem desejar.

O mundo está ficando menor, e não maior. Estamos a apenas algumas horas de distância de qualquer lugar agora. Você pode fazer negócios em todo o planeta. Eu tenho negócios em todo o mundo.

Na quinta-feira passada, eu estava trabalhando em Dublin [Irlanda]. Nesta quinta-feira, estou em Melbourne [Austrália]. Não faz muito tempo que realizar isso teria sido a experiência de uma vida inteira. Agora você pode fazer tudo isso em uma semana, além de um monte de outras coisas. Este mundo está ficando menor. O chip mudou toda a nossa vida.

Em 1970 – isso é antes mesmo de alguns de vocês estarem aqui –, eu estive em um programa em Chicago com Eric Hoffer, o autor de um pequeno livro fantástico chamado *The True Believer* (Aquele que crê de verdade). Essa obra é um clássico. Durante esse programa, Hoffer disse: "Em tempos de mudança, os aprendizes herdam a Terra. Enquanto isso, os eruditos se encontram magnificamente equipados para lidar com um mundo que não existe mais".

Em tempos de mudança, os aprendizes herdarão a Terra. Eu tomei isso no sentido metafórico – você será feliz, saudável e próspero. Em 1970, as coisas estavam mudando, mas, em comparação com agora, elas não estavam nem começando a mudar. Olhe para a velocidade em que estamos nos movendo hoje.

Em tempos de mudança, os aprendizes herdam a Terra, enquanto os eruditos se encontram magnificamente equipados para lidar com um mundo que não existe mais. A escola nos fez ter a ideia de que existem pessoas instruídas. Não sei quem pensou nisso, mas não é bem por aí. Ou você está aprendendo ou não está.

No entanto, aqueles que obtêm um diploma estão se perguntando o que aconteceu. Este mundo está mudando. Se você quer continuar, tem que seguir estudando e aprendendo. Isso deveria ser uma parte de sua experiência diária – o mesmo que comer ou tomar banho. Se o fizermos, herdaremos a Terra; seremos felizes, saudáveis e prósperos. Pelos padrões de muitos, na minha idade um indivíduo é considerado velho; mas eu tenho mais energia do que a maioria dos jovens de 23 anos. Eu ganho muito dinheiro, me divirto de diversas formas, tenho todos os tipos de amigos maravilhosos em todo o mundo. Mas isso é porque continuo estudando. Se você parar de estudar, tudo vai embora. Simples assim.

Nossos computadores mudaram o mundo. Agora eu sei que há pessoas nesta sala que nunca estudaram os assuntos de que estamos falando. Agradeça a Deus por estar aqui. Eu acredito que você está sempre no lugar certo pela razão certa na hora certa. Esta é a coisa mais poderosa em que vai colocar as mãos. Eu tenho licença para me gabar porque nada disso é meu.

Gosto da maneira como Bill Gates falou sobre esse assunto: "Uma coisa é clara: não temos a opção de nos afastarmos do futuro. Ninguém pode votar se a tecnologia vai mudar ou não nossa vida".

Não é um processo democrático. É assim que funciona. Ou você faz parte disso ou não. Entenda que esse acordo é estritamente entre você e você mesmo. Ninguém mais está envolvido.

Seus problemas *nunca* são a respeito de mais ninguém. Se tiver um problema, a pessoa a quem deve consultar está sempre disponível. É bom se lembrar disso.

✦

Quantos concordam que o sucesso financeiro tem muito a ver com estar no lugar certo na hora certa? Quase todos. Bem, há algo faltando aqui. Você tem que estar ciente de que está no lugar certo e na hora certa. As oportunidades estão sempre chegando até nós. Se não soubermos disso, podemos perdê-las. Os seus resultados são uma expressão do seu nível de consciência. Se estivesse ciente de como ganhar mais dinheiro, acha que se contentaria em ganhar menos? É claro que não!

Lembre-se de que toda religião e toda ciência nos ensinam que tudo o que sempre quisemos já está aqui. Se isso é verdade, por que não temos mais? Porque não estamos cientes disso. Se expandir o seu nível de consciência, toda a sua vida vai mudar.

Talvez você esteja se perguntando como expandir o seu nível de consciência. Você faz isso através de uma educação eficaz combinada a um treinamento profissional durante um período razoável.

✦

Um dos conceitos-chave para criar riqueza é entender que dinheiro não é o objetivo. Isso mesmo, eu disse que dinheiro não é o objetivo.

Com frequência, as pessoas me dizem que querem ganhar dinheiro. No entanto, sei que não é isso que estão procurando, mas sim as coisas que o dinheiro pode comprar e a liberdade de tempo para fazer o que querem. Embora possa pensar que essa é uma diferença insignificante, na verdade é a razão pela qual tantos nunca se tornam ricos.

A maioria de nós foi ensinada que o objetivo de ganhar dinheiro é guardá-lo e construir o nosso ninho. Pensamos nisso como um tipo de seguro contra má sorte, acidentes ou velhice quando não pudermos mais trabalhar. Os ricos sabem que o dinheiro só funciona quando está em movimento – não quando está em uma conta bancária. A riqueza é uma jornada contínua de crescimento e circulação; se essa circulação for interrompida, o fluxo de dinheiro cessará.

Embora possa parecer que existem muitos obstáculos em sua jornada para a riqueza, o único obstáculo real é o que você acredita, pensa e sente sobre o dinheiro. A maioria de nós foi criada com o clichê: "Ver para crer", que é uma visão cética e negativa da vida. Ainda assim, ouvimos isso ao longo de nossa vida até que se torne parte do nosso processo de pensamento sem sequer percebermos. As pessoas ricas entendem que esse clichê é absolutamente retrógrado – você deve acreditar no que pode alcançar antes de ver isso acontecer. Indivíduos ricos sabem que é "crer para ver". A única coisa que separa um milionário de você agora é uma mentalidade rica, e a base dessa mentalidade é a crença.

Isso significa que os ricos têm alguma habilidade ou algum conhecimento especial? Não, mas eles apresentam algumas características-chave que os ajudam a se tornarem ricos.

A primeira dessas características é a disposição de ouvir o próprio coração. Se você pudesse se tornar rico escutando as massas, então as massas seriam ricas, mas elas não são. É uma tendência natural pedir a opinião daqueles que amamos ou respeitamos. Infelizmente, ouvimos seus comentários e preconceitos sem levar em conta os resultados na própria vida. Tomamos a decisão de ouvir com base em nosso apego emocional em vez de olharmos para o que eles alcançaram. Como alguém que não acumulou riqueza pode aconselhá-lo sobre como fazê-lo?

Uma segunda característica dos ricos é a capacidade de agir quando as oportunidades se apresentam. A oportunidade é muitas vezes imaginada como algo que você não pode perder ou deixar passar. No entanto, por experiência própria, sei que a oportunidade é muitas vezes apenas um sussurro que vem durante alguns dos momentos mais difíceis da vida. Se você ler as histórias de vida de pessoas muito ricas e bem-sucedidas, descobrirá que foram demitidas de empregos, expulsas da escola ou lidaram com tragédias pessoais significativas que os outros veriam como devastadoras. Apesar disso, encararam os desafios como oportunidades e prosperaram.

Os ricos também entendem que a riqueza é um processo contínuo. Não é um destino aonde você chega um dia e para. Ela também raramente é alcançada do dia para a noite – embora possa ocorrer em um curto período. No entanto, se você acumular riqueza antes de ter desenvolvido uma mentalidade rica, corre o risco de perdê-la para sempre. Todos já ouvimos falar daqueles que ganham na loteria e tempos depois não têm um centavo. Como eles nunca foram ensinados a pensar de forma rica, têm pouquíssima chance de alcançar a riqueza que dura.

Aqueles com mentalidade de prosperidade fazem o que amam – e ganham dinheiro com isso. Muitas vezes eu vejo indivíduos que estão buscando riqueza como se fosse algo externo que eles têm que procurar. Na realidade, a riqueza existe dentro de você. Há atividades e hobbies que ama, dos quais pode fazer o seu negócio, se você quiser. Aqueles que são bem-sucedidos e produzem grande quantidade de riqueza conseguem isso porque fazem algo que amam; o dinheiro vem em seguida e é apenas resultado lógico do fato de realizarem o sonho deles. Dinheiro em si não é o sonho.

Se você cresce na pior circunstância ou se dispõe de todas as vantagens, tem exatamente o mesmo potencial dentro de si para criar a vida que quer. Não importa quantas vezes leia ou ouça alguém falar sobre como se tornar rico, a sua vida nunca vai mudar até que você acredite que ela possa mudar. É crer para ver.

AULA 22

CONTE SUAS BÊNÇÃOS

Uma atitude de gratidão muda tudo

Certifique-se de ser grato todos os dias. Independentemente da sua situação, há algo pelo qual ser grato. Há pessoas que vivem com menos de US$ 50 por ano, estão doentes, perderam a casa. Então algumas agradecem por cada respiração ou pela capacidade de sentir o sol em seu rosto.

Expressar gratidão funciona como mágica. Lembro-me de fazer um seminário em Phoenix [Estados Unidos], quando Sandy Gallagher, minha sócia, estava passando por um momento difícil. Eu estava saindo da cidade, e ela perguntou se poderíamos tomar uma xícara de café antes de pegar o meu voo.

Fomos a uma cafeteria e ela, então, perguntou se eu poderia lhe dar duas ou três ideias para ajudá-la a manter uma atitude positiva. Eu peguei um guardanapo que estava sobre a mesa e nele escrevi: "Todas as manhãs, pense em dez coisas pelas quais você é grata". Então, eu disse: "Quando você terminar de escrever as dez coisas, envie amor para três pessoas que estão incomodando você".

A maioria de nós tem dificuldade em fazer isso. Envie amor àqueles que o estejam incomodando, pois eles não têm nada a ver com isso. Trata-se da vibração em que você está se colocando.

A terceira coisa que eu disse a Sandy foi que ficasse quieta por cinco minutos pedindo orientação para o dia.

Sandy estava indo para o Havaí para passar algum tempo com a irmã e a mãe, então ela as envolveu nessa tripla prática todas as manhãs: agradecer por dez coisas e listá-las, enviar amor a três pessoas que geram incômodo e sentar-se em silêncio por cinco minutos e pedir orientação para o dia.

Na primeira manhã, Sandy, sua irmã e sua mãe pensaram que era uma ideia um pouco estúpida, mas fizeram isso mesmo assim. Hoje, cada uma afirma que isso mudou sua vida.

✦

Wallace Wattles dedicou um capítulo inteiro ao tema da gratidão em *A ciência de ficar rico*. Na primeira página, ele disse: "Todo o processo de ajuste mental e sintonia pode ser resumido em uma palavra: gratidão".

Agora, pense no termo "ajuste mental". Se tivermos desafios em nossa vida que estejam dominando nosso pensamento – escassez de dinheiro, problema de negócios ou de relacionamento –, nossa tendência é nos concentrarmos neles. Ao fazermos isso, adicionamos energia a quê? Ao problema! E então ele cresce.

Entre no processo de ajuste mental. Veja o que você quer. Não gaste tempo olhando para o que você não quer.

Wattles afirmou: "Todo o processo de ajuste mental e sintonia pode ser resumido em uma palavra: gratidão". A sintonia está entrando em harmonia com a lei.

Como colocar isso em prática? Quando você estiver sobrecarregado com problemas, apenas pare o que quer que esteja fazendo e bloqueie tudo isso. Então, pense em todas as coisas pelas quais você tem que ser grato. Eu sei que é um pedido muito grande, mas, se fizer isso, tudo começará a mudar em um instante. Quando você muda a maneira como olha para os problemas, os problemas mudam.

A gratidão é um processo poderoso para modificar a sua energia e trazer mais do que você quer para sua vida. Seja grato pelo que já tem e vai atrair mais coisas boas. Se estudar a palavra "gratidão" todos os dias durante um mês, garanto que sua vida vai mudar.

Wattles também disse: "A mente grata está constantemente fixada no melhor; portanto, tende a se tornar a melhor; assume a forma ou o caráter do melhor e receberá o melhor".

"Gratidão" é uma palavra bonita, mas também é uma das mais incompreendidas em qualquer idioma. Veja bem, a gratidão o conecta à sua fonte de suprimento. Ela coloca você em harmonia com a sua fonte de suprimento para que o bem em tudo se mova em sua direção.

AULA 23

É HORA DE CRESCER

Sua grande ideia cuja hora chegou

Você não *recebe* energia. As pessoas dizem: "De onde ela recebe toda essa energia?". Todo mundo libera energia, que flui para e através de nós. *Não há escassez de energia.*

Muitos chegam em casa do trabalho e dizem: "Eu simplesmente não tenho mais energia". Você sabe qual é o problema? Estão *entediados*! O tédio é a ausência de uma ideia criativa. Uma pessoa pode *nunca* ter dado à luz uma ideia criativa! Ela apenas passa pela vida como se estivesse marchando, fazendo o que todos fazem. Isso começa ainda na infância – sendo como as outras crianças. Assim, passa a vida inteira tentando ser como os outros.

✦

Eu *sempre* tenho uma *grande ideia*. Vou atrás de metas que não tenho ideia de como alcançar, mas *sei* que vou. E o fato de eu não saber como fazer isso não me assusta. Isso me anima.

Sempre achei que as grandes ideias crescem ainda mais quando são discutidas e ponderadas em um ambiente descontraído separado de uma sala de conferências. Na verdade, muitas das melhores ideias que criei vieram ao me sentar à mesa da minha cozinha, rabiscar e olhar pela janela. Acontece ali mesmo, na minha cozinha.

✦

Alfred Adler disse uma vez: "Sou grato pela ideia que me usou". Quando você se apaixona por uma ideia, é grato por ela, porque vai movê-lo para a ação.

Que ideias dão corda em você e o fazem querer entrar em ação? Se não tiver certeza, fique quieto e visualize. A visualização é onde tudo começa. Basicamente tudo começa com uma imagem. E a Lei da Transmutação nos diz que a energia está sempre se movendo para a forma. Você e eu recebemos habilidades criativas diferentes de qualquer outra forma de vida, para que tenhamos a capacidade de criar a visão ou a imagem em nossa mente.

Tudo o que você vê agora começou como uma imagem na mente de alguém. Sempre vemos a genialidade em outra pessoa, mas nunca em nós mesmos. Você é criativo, poderoso, inovador e tem a genialidade trancada dentro de si apenas esperando para ser liberada. Não siga nem mais um dia pelo caminho de uma vida que não seja satisfatória.

✦

Você diz que tem ideias inundando sua mente todos os dias. Maravilhoso! E agora?

As ideias são inúteis se você não agir para que elas aconteçam. Mas, se fizer isso, uma boa ideia pode mudar toda a sua vida. Pode mudar o mundo!

Você não gostaria muito de ter tido a ideia de criar o computador em que trabalha, ou o Facebook ou o Twitter? Pare e pense no que as pessoas que criaram o smartphone ganharam. Você não adoraria ser o beneficiário disso?

Infelizmente, quase todas as ideias são natimortas. As pessoas as têm, mas elas morrem na mente. Belas ideias. Ideias que podem mudar a vida da pessoa que as recebe, porém que nunca se tornam realidade.

Por quê?

É como eu disse anteriormente – o começo é o fim para a maioria das pessoas. Tudo ao seu redor não é nada além da expressão de uma ideia.

Você começou a vida com uma bela imaginação, mas eles o colocaram na escola e a tiraram de você. Chamaram de falta de atenção.

Deixe isso de lado. Não viva mais lá. Andrew Carnegie, que era o homem mais rico do mundo no início dos anos 1900, disse que não sabia nada sobre a fabricação ou a comercialização de aço. E, ainda assim, ele se tornou o homem mais rico do mundo no negócio do aço.

Agora, como ele fez isso?

Com uma equipe. Ninguém na história do mundo que já tenha feito algo relevante o fez por conta própria.

Pare de deixar suas ideias morrerem dentro de você. Obtenha ajuda onde precisar para que as ideias possam nascer. Dedique sua vida a uma ideia digna – uma ideia tão grande e arrebatadora pela qual seja grato.

EPÍLOGO

Uma coisa deve ficar clara até mesmo de uma leitura casual das palestras de Bob Proctor: ele não é um típico palestrante motivacional. A verdade é que Bob Proctor não se vê como um palestrante motivacional. Ele ensina um método de vida, da mesma forma que Stella Adler ensinou sobre o método de atuação. Ele não fornece paliativos para os problemas e desafios que enfrentamos todos os dias. Não trata os sintomas; vai direto para a causa do que está nos mantendo presos, a fim de que possamos seguir rumo a uma vida melhor.

Bob Proctor tem uma ideia elevada de vida. Acredita que você não deve apenas estar contente; deve ser alegre. O seu corpo não deve apenas se sentir bem e estar livre de dor; deve ser vibrantemente saudável e vigoroso. Você não deve apenas ser capaz de pagar as contas e tirar férias uma vez por ano; deve ter todo o dinheiro que desejar para fazer tudo o que quiser fazer.

Bob não espera que todas essas coisas possam acontecer; ele *sabe* que elas podem acontecer e *vão* acontecer se você aprender a fazer uma coisa: viver em harmonia com as leis do Universo.

Bob não chegou a essa conclusão de forma rápida ou fácil. Foram necessárias décadas estudando *Quem pensa enriquece*, de Napoleon Hill, anos trabalhando com seu mentor Earl Nightingale, além de seu apetite voraz para aprender tudo o que pudesse sobre leis universais. Bob tem estudado e aplicado esse material todos os dias desde 1961.

✦

Este não é um livro convencional de "como fazer", porque Bob não é um homem convencional. Na verdade, ele abomina o ato de se conformar e ser normal. Diz que nunca devemos seguir as massas, porque as massas não sabem quem são, para onde estão indo ou o que querem.

Em vez de fornecerem uma equação para viver uma vida saudável, feliz e rica, as lições destas páginas têm um objetivo mais amplo. O propósito destas aulas é elevar o seu nível de consciência de quem você é e do que é possível para si, quando se vive em harmonia com as leis universais. Isso não é algo que possa ser aprendido do dia para a noite, em um mês ou em uma aula. É uma jornada ao longo da vida. Mas saiba disto: à medida que você começar a entender essas leis e fizer um esforço consciente para aplicá-las, sua vida vai se tornar melhor a cada dia.

— SANDRA GALLAGHER